中国铁建股份有限公司企业标准

高速铁路轨道及线下结构服役状态监测技术规程

Technical Specification for Service Status Monitoring of High-Speed Railway Track and Substructure

Q/CRCC 12501—2023

主编单位：中铁第四勘察设计院集团有限公司
批准单位：中国铁建股份有限公司
实施日期：2024 年 05 月 01 日

人民交通出版社股份有限公司

2024·北京

图书在版编目（CIP）数据

高速铁路轨道及线下结构服役状态监测技术规程／中铁第四勘察设计院集团有限公司主编．— 北京：人民交通出版社股份有限公司，2024.2

ISBN 978-7-114-19401-6

Ⅰ.①高… Ⅱ.①中… Ⅲ.①轨道（铁路）—结构—监测—技术规范—中国 Ⅳ.①U213.2-65

中国国家版本馆 CIP 数据核字（2024）第 042402 号

标准类型：	中国铁建股份有限公司企业标准
标准名称：	高速铁路轨道及线下结构服役状态监测技术规程
标准编号：	Q/CRCC 12501—2023
主编单位：	中铁第四勘察设计院集团有限公司
责任编辑：	曲 乐 张 晓
责任校对：	孙国靖 卢 弦
责任印制：	刘高彤
出版发行：	人民交通出版社股份有限公司
地　　址：	（100011）北京市朝阳区安定门外外馆斜街 3 号
网　　址：	http://www.ccpcl.com.cn
销售电话：	（010）59757973
总 经 销：	人民交通出版社股份有限公司发行部
经　　销：	各地新华书店
印　　刷：	北京建宏印刷有限公司
开　　本：	880×1230　1/16
印　　张：	5
字　　数：	108 千
版　　次：	2024 年 2 月　第 1 版
印　　次：	2024 年 8 月　第 2 次印刷
书　　号：	ISBN 978-7-114-19401-6
定　　价：	40.00 元

（有印刷、装订质量问题的图书，由本公司负责调换）

中国铁建股份有限公司文件

中国铁建科创〔2023〕99 号

关于发布《高速铁路轨道及线下结构服役状态监测技术规程》等 12 项中国铁建企业技术标准的通知

各区域总部，所属各单位、各直管项目部：

现批准发布《高速铁路轨道及线下结构服役状态监测技术规程》（Q/CRCC 12501—2023）、《铁路工程布袋注浆桩技术规程》（Q/CRCC 13101—2023）、《城市轨道交通信息模型施工应用指南（土建部分）》（Q/CRCC 32301—2023）、《河道生态治理技术规程》（Q/CRCC 33701—2023）、《铁路物联网信息通信总体框架》（Q/CRCC 13801—2023）、《轨道交通接触网大数据基本要求》（Q/CRCC 13701—2023）、《接触网在线监测信息感知装置》（Q/CRCC 13702—2023）、《桥梁转体技术规程》（Q/CRCC 23202—2023）、《铁路隧道机械化施工技术指南》（Q/CRCC 13301—2023）、《装配式挡土墙技术规程》（Q/CRCC 23303—2023）、《农村公路桥梁技术指南》（Q/CRCC 23203—2023）和《工程施工废弃物再生集料应用技术标准》（Q/CRCC 23304—2023），自 2024 年 5 月 1 日起实施。

以上标准由人民交通出版社股份有限公司出版发行。

中国铁建股份有限公司
2023 年 11 月 10 日

中国铁建股份有限公司办公室（党委办公室） 2023 年 11 月 10 日印发

前　言

本规程根据中国铁建股份有限公司《关于印发 2021 年中国铁建企业技术标准编制计划的通知》（中国铁建科创〔2021〕80 号）的要求，在总结高速铁路轨道及线下结构监测系统的工程实践经验、充分吸纳国内外监测技术成果的基础上，由中铁第四勘察设计院集团有限公司编制完成。

本规程编制过程中，编制组进行了深入调查研究，广泛征求了有关单位和专家的意见，与现行标准进行了协调衔接，经反复讨论、修改，由中国铁建股份有限公司科技创新部审查定稿。

本规程共分 7 章，主要技术内容包括：1 总则；2 术语；3 基本规定；4 轨道；5 路基；6 桥梁；7 隧道。

本规程由中国铁建股份有限公司科技创新部负责管理，由中铁第四勘察设计院集团有限公司负责具体技术内容的解释。规程在使用过程中如有意见或者建议，请寄送中铁第四勘察设计院集团有限公司（地址：武汉市武昌区和平大道 745 号；邮编：430063；电子邮箱：005672@crfsdi.com），以供今后修订时参考。

主 编 单 位： 中铁第四勘察设计院集团有限公司

主要起草人员： 李秋义　文望青　严爱国　许国平　张超永　孙　立
　　　　　　　　 瞿国钊　曾长贤　焦齐柱　林　超　颜永逸　李玉良
　　　　　　　　 何　卫　朱　彬　张世杰　张　政　殷鹏程　梅　琴
　　　　　　　　 尹银艳　田嵩山　郭　静　赵丹阳　梁金宝　曹阳梅
　　　　　　　　 李思琪　叶运潮　张　群　薛　伟

主要审查人员： 刘学毅　魏周春　王　平　谭社会　肖　宏　薛吉岗
　　　　　　　　 张俊儒　龚　伦　黄　永　孔　炟　姚　力　孙柏辉
　　　　　　　　 刘克明　张红平　刘　华　蒋函珂

目　次

1 总则 …………………………………………………………………………………………… 1
2 术语 …………………………………………………………………………………………… 2
3 基本规定 ……………………………………………………………………………………… 4
　3.1 一般规定 ………………………………………………………………………………… 4
　3.2 接口要求 ………………………………………………………………………………… 7
　3.3 安全要求 ………………………………………………………………………………… 8
4 轨道 …………………………………………………………………………………………… 9
　4.1 一般规定 ………………………………………………………………………………… 9
　4.2 轨道监测系统设计 ……………………………………………………………………… 11
　4.3 轨道监测系统施工 ……………………………………………………………………… 21
　4.4 轨道监测系统验收 ……………………………………………………………………… 22
　4.5 轨道监测系统维护 ……………………………………………………………………… 23
5 路基 …………………………………………………………………………………………… 25
　5.1 一般规定 ………………………………………………………………………………… 25
　5.2 路基监测系统设计 ……………………………………………………………………… 25
　5.3 路基监测系统施工 ……………………………………………………………………… 31
　5.4 路基监测系统验收 ……………………………………………………………………… 31
　5.5 路基监测系统维护 ……………………………………………………………………… 32
6 桥梁 …………………………………………………………………………………………… 33
　6.1 一般规定 ………………………………………………………………………………… 33
　6.2 桥梁监测系统设计 ……………………………………………………………………… 33
　6.3 桥梁监测系统施工 ……………………………………………………………………… 46
　6.4 桥梁监测系统验收 ……………………………………………………………………… 49
　6.5 桥梁监测系统维护 ……………………………………………………………………… 50
7 隧道 …………………………………………………………………………………………… 52
　7.1 一般规定 ………………………………………………………………………………… 52
　7.2 隧道监测系统设计 ……………………………………………………………………… 53
　7.3 隧道监测系统施工 ……………………………………………………………………… 60
　7.4 隧道监测系统验收 ……………………………………………………………………… 62
　7.5 隧道监测系统维护 ……………………………………………………………………… 62
本规程用词说明 …………………………………………………………………………………… 64
引用标准名录 ……………………………………………………………………………………… 65
涉及专利和专有技术名录 ………………………………………………………………………… 66

Contents

1 **General Provisions** ··· 1
2 **Terms** ·· 2
3 **Basic Requirements** ·· 4
   3.1 General Requirements ··· 4
   3.2 Interface Requirements ··· 7
   3.3 Security Requirements ·· 8
4 **Track** ··· 9
   4.1 General Requirements ··· 9
   4.2 Track Monitoring System Design ·· 11
   4.3 Track Monitoring System Construction ·· 21
   4.4 Track Monitoring System Acceptance ·· 22
   4.5 Track Monitoring System Maintenance ·· 23
5 **Subgrade** ··· 25
   5.1 General Requirements ··· 25
   5.2 Subgrade Monitoring System Design ··· 25
   5.3 Subgrade Monitoring System Construction ··································· 31
   5.4 Subgrade Monitoring System Acceptance ····································· 31
   5.5 Subgrade Monitoring System Maintenance ··································· 32
6 **Bridge** ··· 33
   6.1 General Requirements ··· 33
   6.2 Bridge Monitoring System Design ·· 33
   6.3 Bridge Monitoring System Construction ·· 46
   6.4 Bridge Monitoring System Acceptance ·· 49
   6.5 Bridge Monitoring System Maintenance ·· 50
7 **Tunnel** ··· 52
   7.1 General Requirements ··· 52
   7.2 Tunnel Monitoring System Design ·· 53
   7.3 Tunnel Monitoring System Construction ·· 60
   7.4 Tunnel Monitoring System Acceptance ·· 62
   7.5 Tunnel Monitoring System Maintenance ·· 62

Explanation of Wording in This Regulation	64
List of Quoted Standards	65
List of Patents and Proprietary Technology	66

1 总则

1.0.1 为统一高速铁路轨道及线下结构服役状态监测系统（以下简称"监测系统"）技术标准，使监测系统符合安全可靠、先进成熟、经济适用的要求，制定本规程。

条文说明

本规程涉及的线下结构为与轨道结构相关联的路基、桥梁和隧道。

1.0.2 本规程适用于高速铁路轨道及线下结构服役状态监测系统的设计、施工、验收和运行维护。

条文说明

城际铁路、客货共线铁路、重载铁路、市域（郊）铁路、城市轨道交通等线路的相关结构监测项目，可根据实际情况参照本规程执行。

1.0.3 监测系统的使用寿命、安全性、可靠性及可维护性应满足铁路运输和设备维护要求。

1.0.4 新建高速铁路监测系统应与主体结构同步设计，宜与主体结构同步施工。

1.0.5 既有高速铁路监测系统设计应考虑现场安装环境和线路条件，应在不影响线路正常运营的前提下安全实施监测。

1.0.6 监测系统的设计、施工、验收和运行维护除应符合本规程外，尚应符合国家现行有关标准和中国铁建股份有限公司有关企业技术标准的规定。

2　术语

2.0.1　监测系统　monitoring system
一种集前端传感、数据采集传输存储、结构状态识别、性能评估为一体的自动化与信息化监测系统，主要包括传感器、数据采集装置、数据传输装置和监测管理平台四个组成部分，可对结构服役状态的性能参数进行连续性监测，实现结构的安全报警与评估。

2.0.2　传感器　sensor
能感受被测量的信息并按照一定的规律转换成可用输出信号的器件或装置，通常由敏感元件和转换元件组成。

2.0.3　数据采集装置　data acquisition device
从传感器中采集电量或者非电量信号，并进行处理和存储的装置。

2.0.4　数据传输装置　data transmission device
连接数据采集装置和监测管理平台，实现监测数据的传输。

2.0.5　监测管理平台　monitoring management platform
融合监测数据存储、处理、分析、预警、评估功能的信息化管理系统，为终端用户提供数据展示、查询、统计和分析服务。

2.0.6　结构状态评估　structural condition evaluation
根据监测数据分析结构工作状态，对结构状态属性的定性和定量判断。

2.0.7　预警　early-warning
在危险发生前，根据结构监测、损伤诊断和安全评估结果，向相关部门发出报警信号的过程。

2.0.8　监测预警值　early-warning value of monitoring
用以判断监测对象是否出现异常的阈值。

2.0.9 监测报警值 warning value of monitoring
为确保监测对象的安全，对监测对象所设定的警告值。

2.0.10 热数据 hot data
访问频率高、会被频繁查询或更新的关键监测数据。

2.0.11 冷数据 cold data
访问频率低、偶尔被查询且不允许更新的监测数据。

3 基本规定

3.1 一般规定

3.1.1 新建高速铁路监测系统工程建设流程可按图 3.1.1-1 进行，既有高速铁路监测系统工程建设流程可按图 3.1.1-2 进行。

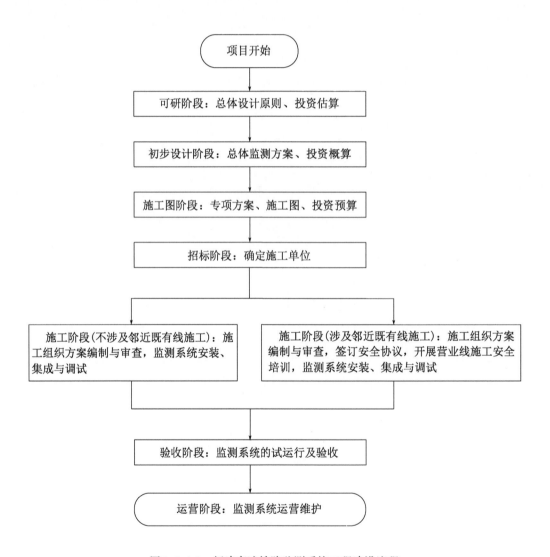

图 3.1.1-1 新建高速铁路监测系统工程建设流程

图 3.1.1-2 既有高速铁路监测系统工程建设流程

条文说明

监测系统建设是复杂的系统性工程，涉及传感、网络通信、信号处理、数据管理、数据挖掘与预测、结构分析等多学科交叉。

新建高速铁路监测系统工程建设流程参考如下：

(1) 可行性研究阶段：确定监测系统建设的必要性和总体设计原则，编制投资估算纳入项目投资。

(2) 初步设计阶段：根据项目的推进细化监测项目、监测方法等，形成总体监测方案和投资概算。

(3) 施工图设计阶段：对监测方案进一步细化，编制专项方案、施工图及投资预算。

(4) 招标阶段：确定施工单位。

(5) 施工阶段：编制详细的系统实施方案，通过评审后组织设备采购、开发及实施，监测设备的安装、集成与调试。若涉及邻近既有线施工，还需要编制邻近营业线施工方案，与路局签订安全协议，组织开展邻近营业线施工安全培训。

(6) 验收阶段：监测系统的试运行及验收。

(7) 运营阶段：对系统进行正常维护，定期进行系统数据处理分析，提供结构服役状态评估报告。

既有高速铁路监测系统工程建设流程参考如下：

(1) 设计阶段：委托设计单位编制监测方案和经费概算，建设单位组织方案审查。

(2) 招标阶段：确定施工单位。

(3) 施工阶段：施工单位编制营业线施工组织方案，建设单位组织运营单位进行方案审查，签订安全协议，开展营业线施工安全培训，监测设备的安装与集成、调试。

(4) 验收阶段：监测系统的试运行及验收。

(5) 运营阶段：对系统进行正常维护，定期进行系统数据处理分析，提供结构服役状态评估报告。

3.1.2 监测系统设计应综合考虑结构特点、运营环境、功能目标、运维需求等因素，宜建立独立的通信与供电路径，提前规划好现场供电、数据通信、预埋件安装、连接构件、预留孔道、检修通道、监控中心用房等工程界面。

3.1.3 监测系统包含传感器、数据采集装置、数据传输装置和监测管理平台，各部分功能应符合下列规定：
  1 传感器应具备对环境、外部荷载作用、结构响应等不同参数的感知与测量功能。
  2 数据采集装置应对传感器数据进行同步采集，并具备信号调理、数据存储、访问及控制等功能。
  3 数据传输装置应对数据采集装置存储数据进行实时传输，并具备访问及控制、自动传输等功能。
  4 监测管理平台应对数据传输装置回传的监测数据进行存储，并具备预处理、显示、分析、预警、归档等功能。

条文说明

信号调理是指将传感器检测到的各种信号转换为标准信号。数字量输入通道中的信号调理主要包括消抖、滤波、保护、电平转换、隔离等。

3.1.4 监测系统应根据监测需求、结构特征及现场条件，合理确定传感器类型、传感器布设方式、数据采集方案和数据传输方式。

3.1.5 监测系统应根据监测项目重要性、设备可更换性、系统检修便捷性等因素，对传感器、采集设备等系统组成部分进行冗余设计。

3.1.6 监测系统硬件应具有良好的可靠性、稳定性和耐久性。监测系统软件应具有兼容性、可扩展性、易维护性和界面友好性，且与硬件系统相匹配。

3.1.7 监测测点布置宜根据不同专业监测项目之间的相关性统筹考虑。

3.1.8 监测系统硬件的设置位置及设置方式应满足铁路建筑限界、轨旁设备安装及管理要求。

条文说明

根据《关于加强高铁轨旁设备管理的通知》（工电综技函〔2019〕40号）的要求，

轨旁安装的各类传感设备及其控制箱盒，需要纳入设计范畴，统筹考虑结构强度、耐久情况、维护难易程度等因素，与主体工程同步建设、同步验收、同步投运，满足铁路运输安全条件，符合国家、行业相关标准规定。

3.1.9 监测系统的可靠性和稳定性满足试运行要求，且施工单位完成系统试运行报告后，可申请系统验收。

3.1.10 监测系统验收工作由建设单位组织，设计单位、施工单位、监理单位及接收单位参与。

3.1.11 监测系统运维阶段的设备维护、软件升级应在铁路运营单位的配合下实施，必要时应按照铁路安全管理的有关规定办理相关手续。

3.2 接口要求

3.2.1 监测系统预埋件、预留孔的设计应经主体结构设计单位审查，由相应主体结构施工单位实施。

3.2.2 监测系统设计应向通信专业提出现场数据传输装置与铁路运营单位间的网络带宽及接口需求。

3.2.3 监测系统设计应向电力专业提出设备用电负荷需求、供电点预留位置及相关配电设备设计要求。

3.2.4 监测系统设计应向相关专业提出现场监测设备用房及环境要求。

3.2.5 监测系统设计应向相关专业提出防雷及接地设计要求。

3.2.6 监测系统招标前，建设单位应组织咨询单位、施工单位、运营单位对监测系统设计方案进行专项审查。

3.2.7 监测系统施工前，设计单位应向监测系统施工单位进行专项技术交底。

条文说明

第 3.2.1～3.2.7 条文均适用于新建铁路工程，对既有铁路工程需因地制宜，施工单位一般在取得管理单位许可的情况下，进行满足系统需求的各项接口建设。

3.3 安全要求

3.3.1 监测设备及连接部件在安装及使用过程中不得影响主体结构正常使用功能和结构耐久性，不得对被监测结构造成不可修复的损伤。

3.3.2 监测设备及连接部件应与结构本体可靠连接，应采取可靠的防水、防尘、防雷、防腐、防风、防盐雾、防振等防护措施，并明确相应的指标要求。

3.3.3 监测设备及连接部件应满足铁路安全行车相关要求，做好警示标识和防护措施，不应影响主体结构的正常检修。

3.3.4 监测系统宜按照不低于现行国家标准《信息安全技术　网络安全等级保护基本要求》（GB/T 22239）规定的第二级安全通用要求进行设计。

条文说明

国家标准《信息安全技术　网络安全等级保护基本要求》（GB/T 22239—2019）对等级保护对象第二级安全保护能力定义为："应能够防护免受外部小型组织的、拥有少量资源的威胁源发起的恶意攻击、一般的自然灾难、以及其他相当危害程度的威胁所造成的重要资源损害，能够发现重要的安全漏洞和处置安全事件，在自身遭到损害后，能够在一段时间内恢复部分功能"。

根据新技术及应用情况，监测系统需要满足相应级别的安全扩展要求。采用云计算、移动互联网、物联网、工业控制系统技术时，需要分别满足相应的系统安全扩展要求。

3.3.5 监测系统应通过身份认证和访问控制技术，实行分等级、分权限的访问控制，并部署病毒防护、入侵检测、内容审计和日志审计等多种安全防范措施。

3.3.6 监测系统与其他信息系统之间应采用防火墙和虚拟专网等技术实施隔离和保护。

4 轨道

4.1 一般规定

4.1.1 重点监测对象宜选择轨道结构薄弱点及线下结构变形不易控制地段。监测项目宜依据监测区段上设置的轨道结构形式确定。

条文说明

轨道结构薄弱点及线下结构变形不易控制地段包括大跨度桥梁、过渡段、新型轨道结构、病害易发地段等区域，及钢轨伸缩调节器、道岔等部件。

4.1.2 监测方法应根据项目特点、监测对象、监测目的、监测周期、精度要求、场地条件及实际运营情况等综合确定，并宜满足下列规定：
1 对于监测周期超过 2 年的项目，宜采用稳定性和耐久性好的监测技术。
2 对于轨道部件中的钢轨件监测，宜采用非接触式的监测技术。
3 新技术可结合其应用情况，待技术方案审查通过后在监测项目中试验应用。

条文说明

第 4.1.2 条主要是综合 10 多年的监测经验，提出了轨道长期监测方法选取意见。稳定性和耐久性好的监测技术有光纤传感技术、图像识别技术等。轨道部件中的钢轨件监测，主要有钢轨伸缩调节器的尖轨与基本轨、道岔的尖轨等。行业内高速铁路轨道结构典型监测工点所采用的监测方法、监测周期见表 4-1。

表 4-1 高速铁路轨道结构监测典型工点及监测方法

序号	监测工点类型	监测工点名称	监测系统建立时间	监测系统服役时长（年）	监测方法
1	CRTSI 型板式无砟轨道	广深港高铁沙湾水道特大桥连续梁梁端轨道状态监测	2014 年 1 月	5	光纤传感技术
2		哈齐高铁 CRTS I 型板式无砟轨道状态监测	2015 年 1 月	9	光纤传感技术
3		哈大高铁成高子试验段	2014 年 1 月	2	振弦式监测技术

表 4-1（续）

序号	监测工点类型	监测工点名称	监测系统建立时间	监测系统服役时长（年）	监测方法
4	CRTS 双块式无砟轨道	兰新高铁乌鲁木齐试验段	2014 年 1 月	2	振弦式监测技术
5		兰新高铁吐鲁番试验段	2014 年 1 月	2	振弦式监测技术
6		成都地区双块式无砟轨道试验点	2014 年 1 月	2	振弦式监测技术
7	CRTS Ⅱ型板式无砟轨道	京沪高铁南京南站路桥过渡段轨道状态监测	2013 年 8 月	2	振弦式监测技术
8		沪昆高铁萧山特大桥轨道状态监测	2014 年 3 月	2	振弦式监测技术
9		宁杭高铁湖州隧道入口 CRTS Ⅱ型板式无砟轨道监测	2014 年 6 月	4	振弦式监测技术
10		沪昆高铁金华江特大桥轨道状态监测	2014 年 8 月	4	光纤传感技术
11		沪昆高铁江山站板式道岔状态监测	2014 年 8 月	4	光纤传感技术
12		京福高铁金寨路特大桥小半径曲线段 CRTS Ⅱ型板式无砟轨道综合监测	2015 年 1 月	5	光纤传感技术
13		沪昆高铁抚州 CRTS Ⅱ型板式无砟轨道状态监测	2015 年 6 月	3	图像识别技术
14		合福高铁巢湖东站无砟轨道服役状态监测	2019 年 1 月	3	振弦式监测技术
15	CRTS Ⅲ型板式无砟轨道	郑徐高铁跨京杭运河特大桥 CRTS Ⅲ型板式无砟轨道监测	2016 年 4 月	3	振弦式监测技术
16		郑徐高铁跨路基地段 CRTS Ⅲ型板式无砟轨道运营状态监测	2016 年 4 月	3	振弦式监测技术
17	道岔区纵连板式无砟轨道	武广高铁雷大桥特大桥道岔区板式无砟轨道运营监测	2009 年 7 月	3	光纤传感技术
18	道岔区轨枕埋入式无砟轨道	沪昆高铁赣江特大桥跨九龙大道道岔连续梁拱桥（跨度102m）上无缝道岔综合监测	2014 年 12 月	4	光纤传感技术
19	桥梁-轨道一体化综合监测	宁安高铁安庆长江铁路大桥健康服役状态监测	2016 年 9 月	8	图像识别技术＋振弦式监测技术
20	有砟轨道钢轨伸缩调节器	京福高铁铜陵长江公铁大桥钢轨伸缩调节器区轨道状态监测	2017 年 5 月	6	光纤传感技术
21		张吉怀高铁酉水大桥钢轨伸缩调节器监控	2021 年 10 月	2	图像识别技术
22	无砟轨道钢轨伸缩调节器监控	昌吉赣高铁赣江特大桥钢轨伸缩调节器监控	2019 年 7 月	4	图像识别技术
23		商合杭高铁裕溪河特大桥钢轨伸缩调节器监控	2020 年 3 月	3	图像识别技术

4.1.3 测点布置宜考虑监测环境，应反映监测对象的实际状态及变化趋势。安装位置应便于监测设备的安装、调试和维护，同时应考虑振动、电磁场等干扰源对监测设备性能的影响。

4.1.4 监测系统达到设计服役期限，监测系统是否保留应经过评估并征求设备管理部门意见。

条文说明

监测系统达到设计服役期限后，监测系统如需继续服役，设备管理单位应组织监测系统的检查和评估，制定监测系统的后续维护方案；监测系统达到监测目的不需要继续使用时，设备管理单位应负责监测系统拆除。

4.2 轨道监测系统设计

4.2.1 轨道监测系统设计方案宜包括以下内容：
1 工程概况。
2 监测目的和依据。
3 监测项目和监测方法。
4 传感器选型。
5 测点布置方案。
6 数据采集与传输方案。
7 监测管理平台功能。
8 工程预算。

4.2.2 轨道结构主要监测项目的选取应符合表4.2.2的规定。

表4.2.2 轨道结构主要监测项目表

监测类型	监测项目	轨道结构形式				
		有砟轨道	无砟轨道			
			CRTS 双块式	CRTS Ⅰ 型板式	CRTS Ⅱ 型板式	CRTS Ⅲ 型板式
环境	环境温度	□	□	□	□	□
	环境湿度	○	○	○	○	○
结构温度	轨道道床结构温度	—	□	□	□	□
	钢轨温度	□	□	□	□	□

表 4.2.2（续）

监测类型	监测项目	轨道结构形式				
		有砟轨道	无砟轨道			
			CRTS 双块式	CRTS Ⅰ型板式	CRTS Ⅱ型板式	CRTS Ⅲ型板式
结构变形	钢轨纵向位移	○	○	○	○	○
	钢轨-轨道板/道床板纵向相对位移	—	○	○	○	○
	轨道板-凸形挡台纵向相对位移	—	—	★	—	—
	宽接缝宽度变化量	—	—	—	★	—
	轨道板-底座板纵向相对位移	—	○	○	○	○
	轨道板-底座板垂向相对位移	—	□	□	★	□
	底座板-桥梁纵向相对位移	—	—	—	□	—
结构应力	道床板钢筋应力	—	○	—	—	—
	自密实混凝土层钢筋应力	—	—	—	—	○
	自密实混凝土层混凝土应力	—	—	—	—	○
	底座板钢筋应力	—	○	○	○	○
	底座板混凝土应力	—	○	○	○	○
	张拉锁件应力	—	—	—	□	—

注："★"为应测项，"□"为宜测项，"○"为选测项，"—"代表无此项内容。

条文说明

（1）表 4.2.2 是轨道主体结构监测项目。

（2）根据不同轨道结构形式，轨道结构温度对应的监测部位各不相同。CRTS Ⅰ型板式无砟轨道宜监测轨道板温度和底座板温度；CRTS Ⅱ型板式无砟轨道宜监测轨道板温度、砂浆层温度和底座板温度；CRTS Ⅲ型板式无砟轨道宜监测轨道板温度、自密实混凝土层温度和底座板温度；CRTS 双块式无砟轨道宜监测道床板温度和底座/支承层温度。

（3）根据中国国家铁路集团有限公司（以下简称"国铁集团"）关于印发《高速铁路无砟轨道防胀管理办法》（铁工电〔2022〕87 号），按严重程度将胀板病害划分为 A、B、C 三级：

①达到下列条件之一的病害为 A 级胀板病害（表 4-2）。

表 4-2　A 级胀板病害

监测结构类型	胀板病害特征条件
CRTS Ⅱ型板式无砟轨道	（1）随温度升高动态检测线路高低持续增加，静态检查砂浆层与轨道板、砂浆层与底座板（支承层）离缝且线路高低大于等于 6mm（10m 弦测量）； （2）砂浆层与轨道板、砂浆层与底座板（支承层）离缝宽度大于 6mm； （3）无砟轨道结构发生变形且轨向大于等于 4mm（10m 弦测量）； （4）无砟轨道结构发生变形，线路高低大于等于 3mm（10m 弦测量）且轨向大于等于 3mm（10m 弦测量）； （5）轨道板板间接缝混凝土破损严重，需立即处置的病害； （6）支承层断裂拱起； （7）其他须立即处置的病害
路基段连续型双块式无砟轨道	（1）随温度升高动态检测线路高低持续增加，静态检查道床板与支承层离缝且线路高低大于等于 6mm（10m 弦测量）； （2）道床板与支承层离缝宽度大于 6mm； （3）无砟轨道结构发生变形且轨向大于等于 4mm（10m 弦测量）； （4）无砟轨道结构发生变形，线路高低大于等于 3mm（10m 弦测量）且轨向大于等于 3mm（10m 弦测量）； （5）支承层断裂拱起； （6）其他须立即处置的病害

②未达到 A 级但达到下列条件之一的病害为 B 级胀板病害（表 4-3）。

表 4-3　B 级胀板病害

监测结构类型	胀板病害特征条件
CRTS Ⅱ型板式无砟轨道	（1）随温度升高动态检测线路高低持续增加，静态检查砂浆层与轨道板、砂浆层与底座板（支承层）离缝且线路高低大于 3mm（10m 弦测量）； （2）砂浆层与轨道板、砂浆层与底座板（支承层）离缝宽度大于 3mm； （3）无砟轨道结构发生变形且轨向大于 3mm（10m 弦测量）； （4）轨道板及板间接缝混凝土受压破损、剥离掉块较严重需当年处置的病害
路基段连续型双块式无砟轨道	（1）随温度升高动态检测线路高低持续增加，静态检查道床板与支承层离缝且线路高低大于 3mm（10m 弦测量）； （2）道床板与支承层离缝宽度大于 3mm； （3）无砟轨道结构发生变形且轨向大于 3mm（10m 弦测量）； （4）其他需要当年处置的病害

③未达到 A、B 级但达到下列条件之一的病害为 C 级胀板病害（表 4-4）。

表 4-4　C 级胀板病害

监测结构类型	胀板病害特征条件
CRTS Ⅱ型板式无砟轨道	（1）砂浆层与轨道板、砂浆层与底座板（支承层）离缝宽度大于 2mm； （2）砂浆层与轨道板、砂浆层与底座板（支承层）离缝宽度大于 1mm，且深度大于 200mm； （3）轨道板及板间接缝混凝土受压局部破损、剥离掉块

表4-4（续）

监测结构类型	胀板病害特征条件
路基段连续型双块式无砟轨道	(1) 随温度升高动态检测线路高低持续增加，且静态检查道床板与支承层离缝； (2) 其他需要在高温季节前处置的病害

4.2.3 轨道部件主要监测项目的选取应符合表4.2.3的规定。

表4.2.3 轨道部件主要监测项目表

监测项目	监测部件	
	钢轨伸缩调节器及抬轨装置	道岔
基本轨伸缩位移	★	★
尖轨伸缩位移	★	★
梁缝处轨枕间距	★	★
梁端伸缩装置纵向伸缩量	★	★
梁端伸缩装置垂向变形监测	○	○
岔区钢轨裂纹	★	★
密贴监测	★	★
心轨挤岔	★	★

注："★"为应测项，"○"为选测项。

条文说明

（1）根据《高速铁路道岔监测系统（JDS-300A）暂行技术条件》（TJ/GW 136—2015），道岔监测项目包含岔区钢轨裂纹、密贴、心轨挤岔三部分，其中岔区钢轨裂纹包含钢轨螺栓贯穿裂纹、轨头下颚水平裂纹、轨腰水平裂纹、轨头纵向裂纹、轨底裂纹。密贴监测、心轨挤岔监测功能满足《道岔监测系统设备》（铁运〔2008〕36号）规定。道岔裂纹长度监测预警阈值为10mm；道岔密贴量监测预警阈值为5mm。

（2）根据《CN钢轨伸缩调节器暂行技术条件》（TJ/GW 143—2015），CN钢轨伸缩调节器建议的监测项目包括基本轨伸缩量、尖轨伸缩量、梁缝宽度、钢枕位移值及方正度、连接钢梁位移量、轨温、气温、梁温。

（3）根据现行国铁集团企业标准《大跨度铁路桥梁与轨道健康监测系统技术规程》（Q/CR 9576），钢轨伸缩调节器及梁端伸缩装置的必测内容为基本轨伸缩位移、尖轨伸缩位移、轨枕间距、梁端伸缩装置伸缩量。

（4）表4-5和表4-6以张吉怀高铁酉水大桥和合福高铁铜陵长江公铁大桥为例，根据阈值确定原则分别对CN钢轨伸缩调节器和国产钢轨伸缩调节器常用监测指标阈值的确定进行阐述，供监测系统设计及实施单位参考。

表 4-5 张吉怀高铁酉水河大桥监测指标阈值参考值

监测类别	监测指标	橙色阈值	红色阈值
国产钢轨伸缩调节器及伸缩装置状态	基本轨伸缩位移	初期取设计伸缩量程的85%	设计伸缩量程
	梁端伸缩装置伸缩量	初期取设计伸缩量程的85%	设计伸缩量程
	梁缝处轨枕间距	初期取设计伸缩量程的85%	设计伸缩量程
	桥梁梁缝值	初期取设计伸缩量程的85%	设计伸缩量程

表 4-6 合福高铁铜陵长江公铁大桥监测指标阈值参考值

监测类别	监测指标	橙色阈值	红色阈值
CN钢轨伸缩调节器及伸缩装置状态	基本轨伸缩位移	初期取设计伸缩量程的80%	设计伸缩量程
	左右股基本轨伸缩位移量差值	初期取±4mm	±5mm
	尖轨伸缩位移	初期取设计伸缩量程的80%	设计伸缩量程
	左右股尖轨伸缩位移量差值	初期取±4mm	±5mm
	梁缝处轨枕间距	初期取设计伸缩量程的80%	设计伸缩量程
	桥梁梁缝值	初期取设计伸缩量程的80%	设计伸缩量程

4.2.4 与轨道结构监测相关的线下结构监测项目选取应符合下列规定：
1 桥上无砟轨道温度场监测应同时监测桥梁温度。
2 钢轨伸缩调节器监测应同时监测桥梁的梁缝宽度及梁端转角。
3 轨道上拱或沉降变形监测应同时监测线下基础的变形量。

4.2.5 测点设置宜遵循下列原则：
1 测点布置宜考虑结构受力特点、理论分析结果及构件重要性，选取结构性能参数变化敏感的部位进行布设，并满足监测参数分析、结构状态评估和预警需求。
2 轨道结构内温度、应力等预埋式测点宜冗余设置。
3 测点位置宜便于监测设备的安装、测读、维护、更换以及线缆敷设。
4 轨道及相关线下结构的监测测点宜统一布置于同一关键截面。

4.2.6 测点具体布设方案可参考现行国铁集团企业标准《高速铁路无砟轨道温度场及温度变形监测》（Q/CR 804）、《大跨度铁路桥梁与轨道健康监测系统技术规程》（Q/CR 9576）的相关规定。

4.2.7 传感器选型的技术要求应符合下列规定：
1 传感器的量程、精度、分辨率、灵敏度等应根据监测参数进行选取。
2 应选用可靠性好、稳定性好和耐久性好的传感器。
3 应选用技术成熟、经济适用、性能先进的产品。
4 应考虑结构实际使用的环境因素，且便于现场安装、系统集成、维护和更换。

条文说明

传感器主要性能参数定义如下：①量程，传感器所能测量的最大被测量的数值；②测量精度，真值附近正负 3 倍标准差的值与量程之比，是指测量值与真值的最大差异；③分辨率，传感器能够检测到的最小输入增量；④灵敏度，传感器在稳态下输出量变化对输入量变化的比值；⑤重复性，传感器在全量程输入按同一方向做连续多次测试时所得的输入-输出特性曲线不一致的程度，体现随机性的误差；⑥稳定性，传感器在相当长的工作时间内保持其性能的能力，又称长期稳定性。

4.2.8 传感器寿命应满足工程监测要求。埋入式传感器寿命宜在 5 年以上，非埋入式传感器寿命宜在 2 年以上。

条文说明

传感器的预期寿命是制约监测系统使用年限的重要因素，受到温度、湿度、振动冲击、污染、灰尘、供电稳定性等诸多因素影响，也与对监测系统的维护和保养程度紧密相关。

对于轨道结构监测，埋入式传感器适用于新建道床的埋入式应变及温度传感器。安装温度传感器是为了获取结构的温度场，一般经历 1~2 年的循环，即可获取较为准确的结构温度分布规律。安装埋入式应变是为了获得混凝土结构的恒载应力及后续的应力增量。因此，以获取轨道结构恒载应力为目标的埋入式应变计，结合目前开展的多项现场监测试验经验，5 年的设备寿命期较为合适，足够获得较为准确的结构恒载应力发展历程。5 年后轨道结构应变的测量可以由表贴式应变计代替，进行应力增量的测量，恒载应力可以通过截面应力关系换算至表面。非埋入式传感器直接暴露在外界环境中，根据调研、经济性及实际使用情况，使用年限在 2 年左右。传感器更换时，需考虑数据的延续性和可继承性。

4.2.9 环境温度传感器量程应覆盖监测区已有气象观测资料记录的极值，精度宜为 ±0.1℃。

4.2.10 结构温度监测传感器量程，最低温度应低于气温极值 10℃，最高温度应高于气温极值 20℃，精度宜为 ±0.1℃。

4.2.11 位移传感器选型应符合下列规定：
1 结构位移监测传感器应具有温度补偿功能或采用低温敏传感器。
2 钢轨-轨道板/道床板纵向相对位移传感器的量程宜在 ±25mm 范围内，精度宜为 ±1mm。

3 轨道板/道床板-底座板/支承层纵向位移的量程宜在±25mm范围内，精度宜为±1mm。

4 轨道板/道床板-底座板/支承层垂向位移的量程宜在±10mm范围内，精度宜为±0.1mm。

4.2.12 应变传感器选型应符合下列规定：
1 应变传感器量程不宜小于最大预测值的2倍。
2 应变传感器应具有温度补偿功能，必要时采用低温敏传感器。
3 采用预埋式应变计时，应加强施工过程保护，同时增大测点的冗余性。
4 当采用电阻式应变计时，应对导线电阻进行修正。

4.2.13 视频监控设备选型及立杆设计应符合下列规定：
1 应具有实时监视、存储、回放、云镜控制、多级管理、现场抓拍等功能。
2 图像分辨率不应低于1920×1080。
3 根据现场需要，合理确定半球、快球、枪机等视频采集设备类型。
4 宜采用网络摄像机。
5 立杆高度应同时满足倒杆距离、与接触网最小距离要求。
6 立杆宜增加斜拉索锚固，斜拉索应背离线路方向。

4.2.14 监测数据采集装置选型应符合下列规定：
1 应具有对传感器信号数据的自动化采集、自动传输、本地暂存和断点续传功能，宜具备自校准功能。
2 应满足被测物理量的量程、精度、分辨率、采样频率和同步采样要求。

4.2.15 监测数据采集装置的设置位置应符合下列规定：
1 数据采集装置与传感器间的空间分布关系应考虑监测需求、空间尺寸条件、测点数量和布设位置、传感器类型等因素。
2 数据采集装置与传感器间的最远传输距离应由传感器的信号衰减传输性能确定。
3 数据采集装置安置场所应便于到达，满足运维操作空间需求和采集硬件工作环境要求，具备稳定电力和通信条件。

条文说明

轨道数据采集装置一般根据实际需求，按最有利于达到采集目标的原则（高效、高质量、可靠）设置，常常选择桥梁挡墙外侧靠近传感器区域，如挡墙外侧或护栏上，有时也设置在桥梁的桥墩上。

4.2.16 监测数据采集方案宜包含数据采集模式、采集频率、全时采集时长、触发阈值、采集同步性等要求，可按表4.2.16进行设置和调整。

表4.2.16 轨道结构数据采集方案表

监测类型	监测项目	最低采集频率	采集方式
环境指标	温湿度	1次/30min	全时采集
轨道结构指标	轨道结构温度	1次/30min	全时采集
	轨道结构相对位移	1次/30min	全时采集
	轨道结构应变	1次/30min	全时采集
钢轨伸缩调节器状态指标	基本轨伸缩位移	1次/30min	全时采集
	尖轨伸缩位移	1次/30min	全时采集
	梁缝处轨枕间距	1次/30min	全时采集
	梁端伸缩装置纵向伸缩量	1次/30min	全时采集
	梁端伸缩装置垂向变形	1次/每趟车	触发采集
道岔指标	岔区钢轨裂纹	1次/每趟车	触发采集
	密贴监测	1次/每趟车	触发采集
	心轨挤岔	1次/每趟车	触发采集

条文说明

采集设备按照其采集的时间频度、频次和时间间隔，一般分为全时采集、定时采集、触发采集三种模式，其中全时采集为实时连续的采集，定时采集仅在指定某时间段内进行全时采集，触发采集仅在采集数据触发预设阈值时才进行连续采集。

轨道监测系统在运行的前两年内一般采用全时采集，获取轨道的初始静力参数，积累足够的数据进行阈值的合理设置，后期可根据轨道服役状态进行采集参数设置。

轨道结构相对位移对应不同类型的轨道结构，包含钢轨纵向位移、钢轨-轨道板/道床板纵向相对位移、轨道板-凸形挡台纵向相对位移、宽接缝宽度变化量、轨道板-底座板纵向相对位移、轨道板-底座板垂向相对位移、底座板-桥梁纵向相对位移等监测项目。

轨道结构应变对应不同类型的轨道结构，包含道床板钢筋应力、自密实混凝土层钢筋应力、自密实混凝土层混凝土应力、底座板钢筋应力、底座板混凝土应力、张拉锁件应力等监测项目。

采集同步性指的是同一结构物不同测试断面上设置的数据采集设备，在同一时刻实现监测数据的同步采集，达到同一时刻同一结构上受力变形的协同分析目标。

4.2.17 监测数据传输装置应保证监测系统各组成部分间建立稳定的物理连接，提供足够的带宽和数据冗余度，满足各级终端对数据传输的要求。

4.2.18 监测数据传输方案设计应符合下列规定：
1 应综合考虑监测规模、通信传输距离、现场地形条件、网络覆盖状况等因素选取通信传输方式，宜采用光缆传输和组网技术。

2 新建铁路宜采用铁路专用网络，既有铁路不具备专用内网条件时可采用外部无线网络或有线网络。

条文说明

当不具备专用内网条件且存在实时视频数据传输时，建议采用有线网络，确保视频图像连续稳定。

4.2.19 监测管理平台宜包含数据存储管理、数据预处理、数据分析、预警评估、用户管理等模块，各模块设计应与数据采集、传输等硬件相匹配，各模块间数据协同流转。

4.2.20 数据存储管理模块应具备便捷操作、可靠存储、安全维护的功能，并应符合下列规定：

1 应根据数据采集、传输等数据接口和监测需求，建立统一的数据标识命名规则，确保数据查询的灵活性。

2 数据库设计应遵循可靠性、先进性和可扩展性原则，并具备数据库容灾备份、故障恢复及日志审计等功能。

3 数据存储及备份宜采用冷热分离机制，轨道实时监测数据作为热数据宜存储于时序数据库中且存储时间不宜少于1年，冷数据存储时间不宜少于2年，超时限的数据宜转储至离线存储介质。

4 视频存储宜采用循环更新方式，原始数据应存储于本地硬盘，普通视频图像存储时间不宜小于1个月，预警时段图像应及时上传主数据库永久存储。

条文说明

热数据是指会被频繁查询或更新的数据，同时对访问的响应时间要求很高。冷数据不允许更新，偶尔被查询，同时对访问的响应时间要求不高，热数据就近计算，冷数据集中存储。冷热数据一般按时间推移来区分，由于很多监测数据与温度相关性很强，以1年作为时间分割线可以很好地把握数据的周期性规律，也可以结合业务与历史访问情况综合考量。对于超过时间线的数据，迁移到冷数据中，迁移过程需要注意两点，即不对热数据系统产生性能影响、不影响数据查询。

4.2.21 数据预处理模块应对原始监测数据进行数据质量评估和预处理，消除噪声和不合理趋势项，并进行异常值判别和缺失值处理。

4.2.22 数据分析模块应具备下列功能：

1 对温度、静应变、静位移等静态参量,应给出以日、月、年为统计间隔的统计值,分析结构在相对稳定环境条件下的长期变化规律,以及特殊事件发生前后结构的变化规律。

2 轨道结构服役状态特征指标及分析内容宜符合表4.2.22的规定。

表 4.2.22 轨道结构服役状态特征指标分析表

监测类型	监测指标	特征值分析	规律分析
环境指标	环境温湿度	最高温度、最低温度、平均温度	趋势分析与设计温度对比分析
荷载作用指标	结构温度	最高温度、最低温度、平均温度,温度梯度	趋势分析与环境温度相关性分析
轨道结构指标	轨道结构相对位移	最大值、最小值、平均值	趋势分析
	轨道结构应变		
钢轨伸缩调节器指标	基本轨伸缩位移	最大值、最小值、左右股伸缩位移量差值	趋势分析与梁端纵向位移的相关性模型,环境/结构温度的相关性及回归模型
	尖轨伸缩位移		
	梁缝处轨枕间距	最大值、最小值	趋势分析与梁端纵向位移的相关性模型
	梁端伸缩装置纵向伸缩量	最大值、最小值	趋势分析
	梁端伸缩装置垂向变形量	最大值	趋势分析
道岔指标	道岔裂纹	最大裂纹长度	趋势分析
	密贴监测	最大值、最小值	趋势分析
	心轨挤岔	次数统计	趋势分析

4.2.23 预警评估模块应具备下列功能:

1 预警阈值应根据设计值、竣工试验值、规范容许值,并结合结构的重要性等多种因素综合确定。

2 预警阈值的确定宜考虑结构的相关参数与状态指标、监测数据本身的特征和规律等。

3 预警阈值应根据使用期间的环境变化、结构状态变化、历史数据统计值等因素进行调整。

4 预警模块应具备预警值设置、预警信息统计和分级推送功能,预警内容应包括始末时间、预警级别、警示事项、传感器编号及位置、预警监测值及阈值、预警频率等。

5 预警阈值设置原则及相应管养处置措施可参考表4.2.23。

表 4.2.23 预警阈值设置原则及相应管养处置措施

预警等级	阈值	管养处置措施
橙色预警（警戒值）	系统建设初期，可按红色预警值的80%设定阈值。后期可用实测数据统计值（以年度为周期），取具有97.5%保证率的预警指标分位值	立刻向主管部门及相关单位发送预警信息，管养人员密切关注，必要时运维部门上道检查确认
红色预警（安全限值）	结构响应超出设计荷载组合最不利工况的响应值，或相关规范与规程规定的限值，或行车安全限值，或设计允许值，可能影响轨道结构安全，作为红色预警阈值	立即向主管部门及相关单位发送预警信息，运维部门尽快上道检查确认，危及行车安全时对列车进行限速或者停运处理

6 监测系统应定期对结构进行状态评估，应对监测及识别结果进行历史趋势对比、分析与预测，并生成评估报告，给出相应的养护管理建议。

4.2.24 用户管理模块应具备下列功能：

1 应采用网络安全登录、分级授权、安全套接层（Secure Socket Layer，SSL）证书加密等网络安全措施，降低系统入侵风险。

2 应具备监测数据和实时预警信息及各类评估结果的在线显示功能、数据查询统计功能、报表自动化生成功能，并可将预警信息及时报送给铁路运营单位。

3 应具备文档管理功能，支持用户在线分级进行上传、下载、删除、新建等档案管理操作。

4.3 轨道监测系统施工

4.3.1 轨道监测系统施工组织方案宜包括以下内容：

1 工程概况。
2 监测项目和测点布置方案。
3 现场安装方案。
4 施工组织和要素安排。
5 施工质量保证措施。
6 施工安全专项防护措施。
7 施工工程安全生产事故专项应急预案。
8 其他有关技术资料。

4.3.2 轨道相关传感器安装宜符合下列规定：

1 环境温度、湿度传感器应安装在百叶箱内，传感器感应部分距离地面或桥面的距离宜为1.2~1.5m。

2 轨道结构内钻孔埋置传感器应避开结构钢筋。

3 钢筋和混凝土应变传感器应在轨道结构浇筑前埋设。

4 钢轨-轨道板/道床板相对位移传感器安装应采取绝缘措施，严禁将钢轨与轨道板/道床板电气连通。

5 表面式传感器宜采用哑光不锈钢保护罩防护。保护罩尺寸、固定方式应满足安全性、稳定性要求。

4.3.3 线缆的敷设与防护应符合下列规定：

1 线缆接线处及经过伸缩缝处应留有冗余。

2 桥面线缆宜敷设于弱电槽内，弱电槽外的线缆应采用防护管，且与结构牢靠固定，防护管弯曲应符合线缆弯曲半径的要求。

3 无线缆槽地段敷设的线缆应采用管槽、耐候橡胶管或金属防护管等措施防护。线缆在金属防护管内敷设时，管口处应采取防护措施。

4 线缆不应敷设在有腐蚀性物质排放、强磁场和强电场干扰的区域，当无法避免时，应采取防护或屏蔽措施。

5 线缆不应有中间接头，无法避免时应在接线箱或拉线盒内接线，接头宜采用压接；当采用焊接时应用无腐蚀性的助焊剂。

6 线缆过轨应外套耐候橡胶管，两轨间的耐候橡胶管应采用不少于 5 个不锈钢卡扣和配套化学锚栓固定。

7 线缆进入数据采集机柜时，宜从底部进入，并设置防水措施，管线孔应密封。

8 线缆的敷设与防护应符合现行行业标准《铁路信号设计规范》（TB 10007）及《铁路通信设计规范》（TB 10006）的有关规定。

4.3.4 机柜的安装与防护应符合下列规定：

1 数据采集机柜应安装在信号采集干扰小、传输线路短、信号损失小的位置。

2 机柜不应侵入限界。梁面机柜宜布置在桥梁防撞墙外侧且避开桥梁梁缝，不应妨碍日常养护；机柜不应遮挡行车标志。

3 机柜应安装牢固，机柜及其紧固件应拧紧且采取防松、防锈措施。

4 机柜柜门应锁闭牢固，机柜开门方向应与列车运行方向相反。

4.4 轨道监测系统验收

4.4.1 监测系统验收清单宜包括下列内容：

1 系统施工图、设备清单、设备内部接线图。

2 软件使用说明书。

3 材料、设备的质量合格证明、产品说明书及进场报验资料。

4 施工记录，包括设备设施安装记录、必要的试验检验记录。

5 系统调试报告。

6 系统试运行报告。
7 系统验收报告。
8 其他有关技术资料。

4.4.2 传感器安装验收应符合下列规定：
1 传感器安装对结构产生的影响均已恢复。
2 传感器的质量合格证、进场验收清单齐全。
3 传感器的型号、规格、数量、安装位置、安装方式、引出线缆的保护措施符合设计要求。
4 表面式传感器的可使用率为100%，埋入式传感器的可使用率不低于90%。
5 传感器外观无明显破损、变形及锈蚀现象，传感器表面或附近有明确的设备信息标识。

4.4.3 线缆敷设安装验收应符合下列规定：
1 综合布线工程对结构产生的影响均已恢复。
2 线缆的规格型号、材质、安装方式符合设计文件规定。
3 线缆外观无明显破损、变形和锈蚀现象。
4 线缆接线处及经过伸缩缝处留有冗余，线缆接头处设有明确的信息标识。

4.4.4 机柜应统一编号并安装牢固，柜内设备应安装平整，线缆排线整齐。

4.4.5 监测平台软件验收应符合下列规定：
1 实现监测数据存储、查询、显示及分析功能。
2 具备图形、表格、文字等多种形式的数据信息展示方式。
3 提供监测报表、日常管理、预警、评估等功能。

4.4.6 系统交付前应对接收单位的使用人员进行培训，包括设备维护、系统软件主要功能、系统日常运行维护、系统异常处理和报警处理等操作培训。

4.5 轨道监测系统维护

4.5.1 轨道监测系统设计单位应将监测系统的运营和维护要求纳入轨道养护手册。系统使用单位应按照相应要求编制系统维护计划，对监测系统进行日常检查、定期养护维修和每年专项维护，并应建立设备维护台账。

4.5.2 系统使用单位应定期对现场监测设备进行巡检，应对工作状态不良或存在安全隐患的监测设备及配套装置及时维修或更换。当遭遇台风、强降雨、地震等极端条件时，应增加巡检次数。当监测系统出现故障时，设备管理部门应根据故障严重程度采用相应的管养处置措施，可参考表 4.5.2。

表 4.5.2 监测系统故障等级及相应管养处置措施

故障等级	阈值	管养处置措施
一级故障	部分传感器损坏，有冗余的传感器可替代使用，监测系统仍可正常工作	纳入日常养修计划，1个月内进行传感器更换
二级故障	部分传感器损坏，无冗余的传感器可替代使用，监测系统基本可正常工作	纳入临时维修计划，1周内进行传感器更换
三级故障	监测系统无法正常使用	纳入紧急维修计划，48h 内进行系统修复

4.5.3　轨道监测系统日常检查宜包含下列内容：
1　现场传感器、机柜及防护装置安装牢固。
2　机柜内电源、传输网络正常。
3　传感器数据正常，视频图像清晰流畅。
4　监测平台软件功能正常。
5　存储设备正常。
6　存储空间充足，数据库备份正常。

4.5.4　轨道监测系统定期养护维修宜包含下列内容：
1　不间断电源（Uninterruptible Power Supply，UPS）电池每季度放充电 1 次。
2　蓄电池每半年更换 1 次，太阳能电池板每年保养 1 次。
3　基于连通管原理的设备每月液位检查 1 次，补充连通管内液体至设计液位。
4　不定期清洁摄像头。
5　数据采集和传输装置每年保养 1 次。
6　系统硬件、软件故障维护完成后及时上传维护记录。

4.5.5　监测系统每年应进行专项维护，宜包含下列内容：
1　对监测数据进行校验，检查数据连续性、传感器稳定性、时间同步性。
2　对系统工作状态进行总结，对工作时长超限的设备提出更换计划。

4.5.6　监测系统预警时，应根据预警类型、预警级别等对事件进行闭合处理。

4.5.7　监测系统的设备维护、软件升级时，应保证数据的兼容性和连续性。

5 路基

5.1 一般规定

5.1.1 监测工作宜重点在下列地段开展：
1 滑坡、泥石流、岩溶、危岩落石、风沙、雪害等不良地质发育地段。
2 软土、膨胀(岩)土、湿陷性黄土、冻土等特殊岩土地段。
3 线路周边环境变化(如抽取地下水、采空、堆载和新建构筑物施工等) 地段。
4 重要部位或重大复杂防护结构地段。
5 采用新技术、新结构，需开展工程验证的地段。

5.1.2 监测内容重点为路基工程变形、位移、应力、裂纹、水环境等。

5.1.3 监测方法应根据监测对象与项目特点、精度、频率要求和场地条件等因素综合确定，宜采用技术可靠性高、便于数据采集和维护的方法。

条文说明

路基工程变形监测主要为水平变形和垂直变形，应力监测主要为土压力及结构应力，不同项目的监测精度存在差别，考虑监测的方便性和及时性，宜多采用电子静力水准仪、卫星定位、光纤、图像识别等技术，多采用自动化监测的方法。

5.2 路基监测系统设计

5.2.1 路基监测系统设计方案编制前应根据气象、勘察资料、工程情况等，与工程设计同步进行。

条文说明

路基监测在设计方案时，为突出监测重点，制定针对性的监测方案，应充分收集监测范围内的气象资料、地质资料、工程概况、拟定的设计措施等，以及其他附属设施分布情况等资料。同时，在满足监测区有关铁路管理文件及相关规范中的技术要求前提下，进行监测方案设计。当路基工程设计或施工有变更时，监测单位应充分评估现有监测方案是否满足技术要求，并及时调整监测方案。

5.2.2 路基监测系统设计方案应符合本规程第 4.2.1 条的规定。

5.2.3 路基和边坡防护设施服役状态主要监测项目的选取宜符合表 5.2.3-1 和表 5.2.3-2 的规定。

表 5.2.3-1 路基服役状态主要监测项目表

监测类型	监测项目	监测地段			
		不良地质体发育地段	特殊岩土段	周边地质环境变化段	重要部位或防护结构地段
变形	水平位移	★	★	★	★
	垂直位移	★	★	★	★
	深部水平位移	○	○	○	○
应力	土压力	□	□	—	○
水环境	地下水位	★	★	○	★
	孔隙水压力	□	★	○	○
	含水率	□	★	○	—

注："★"为应测项，"□"为宜测项，"○"为选测项，"—"代表无此项内容。

表 5.2.3-2 路基边坡防护设施服役状态主要监测项目表

监测类型	监测项目	监测地段			
		不良地质体发育地段	特殊岩土段	周边地质环境变化段	重要部位或防护结构地段
变形	水平位移	★	★	★	★
	垂直位移	★	★	★	★
	深部水平位移	○	○	○	○
应力应变	土压力	□	□	—	○
	结构内力	★	★	★	★
水环境	地下水位	★	★	○	★
	孔隙水压力	□	★	○	○
	含水率	□	★	○	—
其他	裂缝	—	—	○	○

注："★"为应测项，"□"为宜测项，"○"为选测项，"—"代表无此项内容。

条文说明

应测项目是铁路路基地段必须进行监测的项目；宜测项目应根据铁路路基运营地段建议进行监测的项目；选测项目主要针对总体安全监测可控的区段进行监测，以便更好地反映周围环境对路基段的影响程度。

铁路工程中不良地质与特殊岩土涉及范围较广，除根据表 5.2.3-1 与表 5.2.3-2 进行监测项目的确定外，还应根据项目实际特点进一步确定，如不良地质中的区域沉降、人为坑洞等，主要关注地表沉降和地下水位的变化，深部水平位移的监测事实上难以实现且意义不大；特殊岩土中应重点关注对胀缩性地基，由于该类岩土受水环境影响较大，需要对含水率等项目进行监测。

路基地段的环境变化，主要包含邻近或引入既有线、基坑开挖、堆（卸）载、抽水、河道变化、爆破等，均有可能引起变形或稳定性问题，对于抽水引起变形的地段应开展地下水位和孔隙水压力监测。

5.2.4 路基监测系统应具备数据采集、传输及储存、分析预警功能，各系统功能应符合表 5.2.4 的规定。

表 5.2.4 路基监测系统主要功能

监测子系统名称	主要组件	主要功能
数据采集	自动化全站仪、静力水准仪、电水平尺、卫星定位、位移计、分层沉降计、土压力盒、孔隙水压力计、锚索应力计等数据采集设备或传感器	变形、应力、水压力及其他监测数据采集
数据传输及储存	工控设备箱	承载和保护数据采集设备、无线传输设备和电源设备（蓄电池）
	数据采集模组	实时控制传感器工作和采集传感器测量数据
	电源管理设备	蓄电池和太阳能板为采集模组和传感器提供电源
	电力传输线路	为测量系统和数据传输采集系统提供电力
	信号传输线路	包括采集模组与物位计连接的信号线和无线传输模块的发射天线
	数据存储设备	通过数据存储空间，将数据保存到设备上
分析预警	通信管理系统软件	对数据传输采集系统与后台服务器通信进行管理
	数据处理分析及发布软件	进行数据解析、筛选、计算、分析等工作，将监测数据结果发布到各种平台显示，可供查询
	数据预警系统软件	根据预警规则提供显示、声音、短信、E-mail 等预警
	计算机终端	监视沉降分析图表，控制管理系统

5.2.5 数据采集设备应符合下列规定：
1 路基监测应在满足项目特点和要求的前提下，选择合理的设备类型和数量，选

择操作方便、耐候性好且精度满足要求的数据采集设备。

2 数据采集设备应根据当地气候条件进行选择，应适应高温、严寒、暴雨等恶劣环境。

3 数据采集设备应满足数据的幅值、分辨率和容量的要求。

4 数据采集设备应选择低功耗产品，适应多种供能方式，减少人工维护。

5 数据采集设备在监测服役期间须具有良好的稳定性和抗干扰能力，采集的数据应具有可信度，可满足实际工程需求。

条文说明

数据采集设备的选型是否合适直接决定了监测系统的性能。拟定监测方案时要熟悉应用场景，这样在选择数据采集设备时才能选择合适的传感器。数据采集设备的质量、型号、信号提取方式在很大程度上决定了数据的精确性和有效性，以下为选择数据采集设备时的注意事项：

（1）明确监测指标，选择合适传感器。

影响铁路路基安全的因素有很多，但是在监测过程中有几项指标尤为关键，包括铁路路基内部的沉降、压力、温湿度和振动等，需要根据监测项目的不同选择针对性的数据采集设备监测单元。

（2）确认监测地点，选择合适传感器。

对于要监测的指标，选择合适的监测地点有利于更好地进行监测，同时也会更方便传感器的安装工作，所以针对不同的监测地点选择不同种类的数据采集设备，监测系统能更好地进行数据监测。

（3）确定指标范围，选定数据采集设备。

不同的监测目标有不同的量程变化范围，选择合适的传感器范围不仅可以达到预期的监测目的，也可以保证一定的数据精度，避免"以大测小"或"以小测大"的情况。

（4）根据使用环境选择数据采集设备。

当路基监测长期处于恶劣环境下监测时，需要监测数据采集设备同时具备耐高低温、耐潮、长期稳定性等特性，以确保路基监测系统稳定地运行。

高铁列车运行时会产生强烈的振动，考虑到常规的机械固定安装方法在列车振动影响条件下可能会造成仪器松动，可考虑采用机械固定结合化学剂黏合的方式安装固定监测数据采集设备。数据采集设备的布设间距可参考以下数据：每个轨道板长度范围不少于1个（间距3~5m）；每段支撑层（底座）长度范围不少于2个（间距8~10m）；病害严重区域适当加密布设（间距2~3m）。

5.2.6 监测数据传输装置应符合下列规定：

1 根据需要合理设置采集站，必要时应设置多个采集站。

2 监测数据传输装置应做到防雷击、防渗水等。

3 当测光、电等信号微弱以致不易获得时，宜选择能满足采集系统要求的信号放大器进行处理，信号放大器的安装位置应满足其所需的环境要求。

4 其他应符合本规程第4.2.17条、第4.2.18条的规定。

5.2.7 监测管理平台应具备下列功能：

1 平台包含数据存储管理模块、数据预处理模块、数据分析模块、预警评估模块、用户管理模块等，各模块设计应与数据采集、传输等硬件相匹配，各模块间数据协同流转。

2 平台应提供组织机构管理、角色管理、用户管理、统一认证、平台监控、日志管理等服务功能，以及地质信息资源、服务和接口的注册、授权和注销等功能。

3 管理人员可以通过登录监测系统，实时获得变形值、变形速率、时程曲线图，通过设定监测限值进行实时预警。

4 平台应支持用户访问、查询、成果输出等操作。

5.2.8 路基监测点布置应符合下列规定：

1 路基变形监测以沉降变形、水平变形监测为主，特殊地段进行深层沉降变形、土压力、水环境监测，测点布置应满足下列要求：

1) 监测横断面的间距宜为5~10m。

2) 同一观测横断面上宜设置至少4个测点，布设于路基两侧路肩（或护肩外侧）及坡面，软土、松软土等特殊地段必要时在两侧坡脚外2m处分别布置监测点。

2 路基边坡支挡结构及边坡变形观测以沉降变形、水平变形观测为主，根据需要增设深层水平位移、土压力、水环境、裂纹等监测，布置应满足下列要求：

1) 宜在推测可能发生滑动的方向布置观测线，监测横断面的间距宜为5~10m，且观测线应布设至滑动影响范围外至少30m。

2) 边坡监测断面至少布设3个监测点，分别位于顶部、中部和底部。

3) 支挡结构监测断面至少布设3个监测点，分别位于支挡后土体、墙体和支挡前土体。

4) 监测点宜布设在地质不良、受地下水及地表水影响较大、周边存在重要建（构）筑物等敏感地段。

3 路基监测数据采集装置的布置应符合本规程第4.2.15条的规定，并满足下列要求：

1) 传感器宜根据路基监测的不同内容按一定的密度进行系统性布置，同时在最不利处等敏感区域加密布置。

2) 传感器的布置宜便于安装和更换。

3) 宜减少信号的传输距离。

条文说明

路基的不均匀沉降对铁路安全的影响极为显著，路基沉降早期表现为路基内部局部土体疏松、承载力降低，但是不同路基深度处的沉降对道路结构整体的安全性影响是不同的。因此，在监测方案设计时应充分考虑该因素，不同位置处发生的沉降对铁路路基结构的安全性能产生的影响，可作为后续传感器埋设的依据之一。为解决现有高速铁路路基监测系统易遭破坏、保护困难的问题，及推广应用难度大的困境，传感器之间或传感器与监测基站宜多采用无线连接，传感器采用低功耗设计，传感器可持续工作 3 年以上。

5.2.9 路基监测频率应符合下列规定：

1 自动化监测设备的数据采样频率不宜低于 1 次/min，遇突变等异常情况，需加密数据采集及上传频率。

2 匀速变形阶段，数据上传频率不宜低于 8 次/d。

3 加速变形阶段，数据上传频率不宜低于 3 次/h。

4 破坏变形阶段，应进行无间断实时发送数据。当变形速率达到或超过设定阈值时，通过设备内嵌预警模块分析处理，实现实时现场报警。

5.2.10 路基本体变形监测预警值、报警值和控制值，宜符合表 5.2.10 的规定。

表 5.2.10 路基本体变形监测预警值、报警值和控制值

监测项目		控制标准		
		累计量预警值（mm）	累计量报警值（mm）	控制值（mm）
有砟轨道	路基竖向位移	+1.8 -4.8	+2.4 -6.4	+3 -8
	路基水平位移	±1.2	±1.6	±2
无砟轨道	路基竖向位移	+1.2 -3.0	+1.6 -4.0	+2 -5
	路基水平位移	±1.2	±1.6	±2

注：当运营部门有相应的监测控制标准时，还应执行运营部门的相关规定。

条文说明

目前尚无专门的规范对运营期间，高速铁路路基服役状态下路基本体的变形监测预警值与报警值进行表述，本规程主要参考了行业标准《邻近铁路营业线施工安全监测技术规程》（TB 10314—2021）表 7.2.1-3 铁路路基变形监测预警值、报警值和控制值，实际工程中可根据线路情况、评估和审查意见以及相关的科研成果进行科学合理的设置。

5.2.11 路基防护加固设施变形监测预警值与报警值，应执行现行有关标准。

5.2.12 监测设备的稳固性应检算确定。

5.3 路基监测系统施工

5.3.1 施工组织方案应根据设计方案和现场实际情况，有针对性地编制。路基监测系统施工组织方案包含的内容应符合本规程第4.3.1条的规定。

5.3.2 路基相关传感器安装应符合本规程第4.3.2条的规定。

5.3.3 线缆的敷设与防护应符合本规程第4.3.3条的规定。

5.3.4 机柜的安装与防护应符合本规程第4.3.4条的规定。

5.3.5 太阳能电池板可与机柜合设或独立设置，宜设置于路肩外侧，背对、平行线路设置。

5.4 路基监测系统验收

5.4.1 路基监测系统验收标准清单应符合本规程第4.4.1条的规定。

5.4.2 传感器安装验收应符合本规程第4.4.2条的规定。

5.4.3 线缆敷设安装验收应符合本规程第4.4.3条的规定。

5.4.4 机柜安装验收应符合本规程第4.4.4条的规定。

5.4.5 监测平台软件验收应符合本规程第4.4.5条的规定。

5.4.6 系统交付前人员培训应符合本规程第4.4.6条的规定。

5.4.7 系统在完成硬件安装、软件部署和软硬件联调，连续正常运行并完成系统测试报告后，由业主单位组织设计、监理、安装及铁路运营单位进行竣工验收。

5.4.8 传感器、线缆、数据采集设备、机柜、太阳能电池板等硬件设备保护措施应设置合理，可抵抗自然灾害等因素的破坏。

5.4.9 传感器、数据采集设备、机柜、太阳能电池板等硬件设备应统一编号。

5.4.10 机柜、太阳能电池板等设备不应妨碍日常养护，机柜的安装位置不应遮挡行车标志，太阳能电池板背对、平行线路设置。

5.4.11 监测平台软件可实现数据实时采集和显示、自动存储、缓存管理、即时反馈和自动传输等功能，实时显示监测数据及分析结果，可供查询并具预警功能。

5.5 路基监测系统维护

5.5.1 路基监测系统日常检查应符合本规程第 4.5.3 条的规定。

5.5.2 路基监测系统定期养护维修应符合本规程第 4.5.4 条的规定。

5.5.3 其他监测系统维护应符合本规程第 4.5.1 条、第 4.5.2 条、第 4.5.5 条、第 4.5.6 条、第 4.5.7 条的规定。

5.5.4 所有监测设备不应挪动。

5.5.5 工作状态不良的设备应及时进行维修或更换，监测维护不应影响结构安全、耐久性和行车安全。

5.5.6 基于连通管原理的设备应每月进行液位检查，补充连通管内的液体至设计液位，每两年更换一次。

5.5.7 数据分析处理之前，应正确处理粗差、系统误差、偶然误差等，数据采集前，应对含噪信号进行降噪处理。

5.5.8 数据传输系统应具有对来自数据采集系统的各种数据予以接收、处理、交换和传输的能力。数据传输系统应保证数据传输的可靠性、高效性和数据传输质量。

5.5.9 监测系统应具备断电储存功能，当监测设备出现故障、通信中断或监测点超过预报警值等情况时，监测系统应具备实时故障报警功能。

5.5.10 监测完成后，应拆除监测设备。

6 桥梁

6.1 一般规定

6.1.1 大跨度铁路桥梁符合下列条件之一时，宜根据实际需要设置健康监测系统：
1 主跨跨径大于 200m 的桥梁。
2 其他特殊结构或处于特殊环境的桥梁。

条文说明

考虑到大跨度铁路桥梁与公路桥梁存在使用及维修养护上的差异，大跨度铁路桥梁的温度变形与轨道状态和行车状态紧密关联，铁路桥仅天窗期可进行巡检养护工作等特点，国铁集团企业标准《铁路桥梁运营状态监测技术条件》（Q/CR 757—2020）规定："铁路桥梁开展运营状态监测应根据结构及环境特点、设计文件要求或运营需求确定，对于正常运营状态下开展监测的桥梁主跨跨度宜大于 200m。"本规程即参考上述企业标准执行。

对于跨径小于 200m 的系杆拱、梁拱组合结构、部分斜拉桥、独塔斜拉桥等索结构桥梁，以及存在损伤、技术状况差、提速、加固等有特殊原因的桥梁结构，其监测需求一般由设施管理单位提出。对跨越铁路的大跨度桥梁，由于其安全性影响铁路的正常运营，铁路的设施管理单位也会提出相应的结构安全监测要求。

对于新型结构、需进行技术验证的结构以及处于濒海、山谷、强风、地震带、高腐蚀等特殊环境下的结构，设计单位或建设管理单位也常在可研设计阶段提出监测系统建设需求。

6.1.2 重点监测对象为大跨度斜拉桥、悬索桥和拱桥，重点监测内容为结构关键部位应力、位移、索力及结构动力特性等。

6.1.3 桥梁监测系统应具备对桥址环境、作用、结构整体及局部响应的实时感知、采集、传输，以及数据处理、查询、异常状态报警等功能。

6.2 桥梁监测系统设计

6.2.1 监测项目应根据桥梁所处具体环境、力学行为特性、状态评估需求和管理养护要求等因素综合确定。

6.2.2 桥梁结构状态主要监测项目的选取应符合表 6.2.2 的规定。

表 6.2.2 桥梁结构状态主要监测项目表

监测类型	监测项目	桥型选择			
		梁桥	拱桥	斜拉桥	悬索桥
环境监测	风环境（风速、风向）	□	□	★	★
	环境温湿度	★	★	★	★
	降雨量	—	—	○	○
	水位	○	○	○	○
作用监测	结构温度	□	★	★	★
	地震、船舶撞击	□	□	□	□
	列车荷载	□	□	□	□
桥梁结构响应监测	主梁/高墩振动加速度	★	★	★	★
	桥塔/拱肋振动加速度	—	□	□	□
	斜拉索/吊杆振动加速度	—	○	○	○
	主缆索股力/斜拉索力/吊杆力	—	★	★	○
	主梁竖向挠度/主梁线形	★	★	★	★
	主梁动态位移	★	★	★	★
	主梁空间变位	□	★	★	★
	梁端转角/梁端竖向位移	□	□	★	★
	梁端纵向位移	★	★	★	★
	主塔/拱肋/高墩偏位	□	★	★	★
	主缆偏位	—	—	—	□
	基础变位	□	□	□	□
	拱脚变位	—	□	—	—
	锚碇位移	—	—	—	★
	结构应变	□	□	□	□
	构件裂缝	○	○	○	○
其他监测	混凝土腐蚀	○	○	○	○
	支座位移	□	□	□	□
	支座反力	○	○	○	○
	索夹紧固力	—	—	—	□
	阻尼器行程	—	○	○	○

注："★"为应测项，"□"为宜测项，"○"为选测项，"—"代表无此项内容。

条文说明

environment监测主要包括环境温度、环境湿度和风速风向。桥梁工作环境是影响桥梁结构耐久性和受力的重要指标。环境湿度可为管养单位提供桥梁当前工作环境状态。环境温度可建立结构状态与环境因素间的联系，预测和修正可能出现的极限环境温度荷载，为评估结构的变形和受力的发展态势及安全运营提供基础性数据。风参数监测可以为桥梁风致振动评估提供关联数据。

作用监测主要包括列车荷载、地震、船舶撞击、结构温度等。列车荷载是铁路桥梁运营期间的主要荷载，列车轮轨力的获取较为复杂，如无特殊测试需要，一般以监测列车车速及过桥时间为主要监测参数，为桥梁评估提供相关数据。结构温度监测可获取关键截面的温度梯度，分析温度对局部构件受力及结构变形的影响，一般包括主梁、桥塔、索缆、钢轨、轨道结构等各构件的温度。船舶撞击及地震均为桥梁在服役过程中可能遭遇的破坏性较强的荷载，获得桥位处的地震动或撞击荷载输入，可以为桥梁在突发事件后的及时评估提供数据。

桥梁结构响应监测包括受力、变形、振动监测、应力监测和构件裂缝监测五项主要内容。受力监测主要为索/缆/吊杆力监测，索力大小及分布将直接影响梁、塔的受力状态。变形监测主要包括主梁线形、主梁动挠度、主梁横向变形、桥塔/拱肋偏位、基础变位、锚碇位移、梁端转角等，通过变形监测数据评估桥梁结构的整体刚度及稳定性。振动监测项主要包括主梁振动、桥塔/拱肋振动、索/缆/吊杆振动、桥墩振幅等，实测数据可以用于分析桥梁动力特性变化，判断是否发生涡振，识别斜拉索振动频率及斜拉索过大振动等，掌握桥梁整体性能退化，评价桥梁振动强度变化和舒适度变化，为日常运营养护提供依据。应力监测主要包括梁、塔、拱等构件关键截面处的应力状态监测，结构亚健康状态将导致应力超限或应力异常重分布，反映构件的局部安全状态。构件裂缝监测一般对建成桥梁及轨道结构已产生裂缝的宽度和扩展速度进行监测，同时结合人工对裂缝长度、深度进行定期检测，为桥梁检定及维修加固提供依据。

其他监测包含构件伸缩缝、支座、索夹/螺栓等特殊连接构件监测、腐蚀监测以及结构表观状态等监测项。伸缩缝是大跨度桥梁的重要附属设施，易损性问题突出，会导致结构边界条件发生变化，引起结构正常受力状态偏离，是桥梁养护管理工作中的重要内容。支座是桥梁结构的重要边界条件，由于支座滑动装置工作失常、锚固失效等造成整体结构的受力状态发生变化，影响结构受力安全。支座纵向位移可反映全桥纵向受力特性，对于结构状态评估具有重要意义。索夹紧固力监测，可以反映索夹是否处于正常均匀受力状态、有无发生松动、是否需要补足紧固力。腐蚀监测主要对墩身和承台的混凝土氯离子浓度、混凝土侵蚀深度等参数进行监测。结构表观状态监测一般用于非天窗期的巡查、突发状况的确认和检查、人工不易到达位置处的长期观察等情况下的辅助运维，同时也可以结合机器视觉识别异物侵限、螺栓断裂、结构表面损伤等状况。

对于悬索桥隧道式锚碇、岩孔锚监测等特殊构件的监测需求，涉及围岩内部变形、锚塞体应力应变、锚碇与围岩接触面错位、锚碇水平错位以及锚室内部温湿度等内容，可以参考团体标准《在役公路隧道长期监测技术指南》（T/CHTS 10021—2020）等隧道专业相关监测规范，进行专项监测设计。

6.2.3 公铁两用桥的铁路监测项目应参照本规程执行，公路部分宜根据公路管养单位要求增设监测项目。

6.2.4 测点设置应遵循以下原则：
1 受行车影响的监测项目测点应冗余设置。
2 应符合本规程第4.2.5条的规定。

6.2.5 风速、风向测点宜布设在桥面上下游侧、塔顶、拱顶等各方向无遮挡位置。

6.2.6 桥梁构件封闭空间内部，如闭口钢箱梁、索塔钢锚箱/梁区域、锚室、索鞍、拱圈拱肋、索体锚头锚固区等位置，应在其空间内部增设湿度监测点。

6.2.7 结构温度测点布设应综合考虑桥梁和轨道结构各构件的温度梯度和温差效应，应反映结构温度场的分布特点。

6.2.8 地震测点宜布设在桥梁承台顶部、索塔根部、锚碇锚室内等位置。船撞测点可与地震动测点、结构振动测点统一布设。

条文说明

地震动测点尽量靠近地基。由于铁路建有地震预警监测系统，桥址范围内的地震动及船撞测点作为获取地震及撞击荷载输入的手段，用于突发事件后的结构安全性能评估，一般不用于地震预警控制。

大跨度跨江/河/海桥梁，一般在通航孔建有防撞设施。船撞测点除对通航孔进行监测外，一般也考虑对非通航孔桥在船舶撞击风险区进行船撞监测。对于存在撞梁风险的桥梁可以结合或加密主梁的振动监测测点，对撞击发生后的桥梁及时进行安全评估。

6.2.9 振动测点应结合桥梁结构模态分析，布设在结构主要振型的关键位置，测点宜左右侧对称布置。

6.2.10 主梁线形测点应根据最不利荷载组合作用下的位移包络线选择监测位置，布点位置宜包含主跨四分点，随桥梁跨度增大可适当加密，同时宜结合桥上CPⅢ点位置进行布设。宽幅桥面、中央索面或其他具有扭转监测需求的主梁，应考虑扭转变形监测。

6.2.11 梁端纵向位移及梁端转角测点应在上、下游两侧对称布置。

6.2.12 主缆偏位监测点宜布置在主跨与边跨最大垂度点、四分点，以及主索鞍、散索鞍位置上。

6.2.13 应变测点应根据结构计算结果选择受力较大、应力集中或影响结构整体安全的关键截面和部位。

6.2.14 疲劳应力监测点应布置在正交异性钢桥面板、索梁锚固区等活载应力幅值较大的截面。

6.2.15 混凝土结构腐蚀测点宜选择在代表性桥墩的水位变化区和浪溅区。

6.2.16 索夹紧固力监测应根据索夹类型、索夹倾角及螺杆布置形式确定需监测的索夹和螺杆。

6.2.17 本规程未规定的监测点位置可参考现行国铁集团企业标准《铁路桥梁运营状态监测技术条件》（Q/CR 757）的有关规定。

6.2.18 传感器选型应符合本规程第4.2.7条的规定。

6.2.19 传感器主要性能应符合下列规定：
1 传感器技术参数应符合现行国铁集团企业标准《铁路桥梁运营状态监测技术条件》（Q/CR 757）、《大跨度铁路桥梁与轨道健康监测系统技术规程》（Q/CR 9570）的有关规定。
2 传感器宜优先选用表贴式可更换的设备，埋入式传感器寿命宜在10年以上，非埋入式传感器寿命宜在5年以上。
3 传感器性能满足桥址区的环境使用条件。
4 传感器量程应与现场需要的量测范围相匹配，工作量程宜控制在满量程的30%~70%。
5 传感器分辨率应与最小测量值相匹配，分辨率宜控制在监测值的1/15~1/8。

条文说明

传感器的预期寿命是制约监测系统使用年限的重要因素，受到温度、湿度、振动冲击、污染、灰尘、供电稳定性等诸多因素影响，也与对监测系统的维护和保养程度紧密相关。行业标准《公路桥梁结构监测技术规范》（JT/T 1037—2022）规定："预埋在结构内部的埋入式监测设备的使用寿命应不低于20年，附着安装在结构上的非埋入式监测设备的使用寿命不低于5年。"但根据对多座桥梁监测系统应用结果的调研，传感器存活20年后，其稳定性和可靠性值得商榷。

对于桥梁结构监测，埋入式传感器适用于新建桥梁的埋入式应变、温度传感器及混凝土结构腐蚀传感器。安装温度传感器是为了获取结构的温度场，一般经历 1~2 年的循环，即可获取较为准确的结构温度分布规律。安装埋入式应变是为了获得混凝土结构的恒载应力及后续的应力增量。现行行业标准《铁路桥涵设计规范》（TB 10002）对混凝土结构的收缩徐变采用的是 CEB-FIP90 模型，《公路钢筋混凝土及预应力混凝土桥涵设计规范》（JTG 3362—2018）条文说明 6.2.7 中对 CEB-FIP 模型中的混凝土收缩及徐变发展描述如下："CEB-FIP 模型对混凝土收缩应变或徐变系数的计算，考虑了持续时间或加载后时间 70 年，在经过计算分析后，本规范按 10 年的延续期计算，10 年以后的收缩应变值和徐变系数数值增长甚小，认为可以忽略。"因此，以获取桥梁结构恒载应力为目标的埋入式应变计，10 年的设备寿命期较为合适，足够获得较为准确的结构恒载应力发展历程。10 年后结构应变的测量可以由表贴式应变计代替，进行应力增量的测量，恒载应力可以通过截面应力关系换算至表面。安装混凝土结构腐蚀传感器是为了获取氯离子等盐类物质对混凝土的渗入深度及速率，10 年时间足够满足获取数据的条件。

非埋入式传感器直接暴露在外界环境中，根据调研及实际使用情况，使用年限在 5 年左右。传感器更换时，需考虑数据的延续性和可继承性。

传感器选型及性能指标可以参考以下建议：

1 超声波风速风向仪与机械式风速仪配套使用，台风区域选用三向超声风速风向仪，设备技术指标参考现行行业标准《数字风向风速测量仪》（JB/T 11258）的有关规定。

2 全球导航卫星系统（Global Navigation Satellite System, GNSS）接收机及天线技术参数参考现行行业标准《基于北斗铁路基础设施监测站系统暂行技术要求》（TJ/GW 163）的规定。

3 地震动传感器技术指标参考现行地方标准《数字强震动加速度仪》（DB/T 10）的要求。

4 雨量传感器一般选用压电式雨量计、光电式雨量计、翻斗式雨量计等，对于台风频袭地区，选用翻斗式雨量传感器，设备技术指标参考现行国家标准《降水量观测仪器 第 2 部分：翻斗式雨量传感器》（GB/T 21978.2）的要求。

5 混凝土结构腐蚀监测传感器一般选用基于宏观电偶电池原理及基于多电极体系等电化学传感器，以监测混凝土保护层腐蚀深度，判断钢筋工作状态。

6 加速度传感器选择的重要指标是频率响应范围，伺服低频响应好，压电高频响应好，电容式介于两者之间。大跨度桥梁的自振频率较低，选用低频特性好的力平衡式加速度计；基频较高的斜拉索、吊杆等构件，选用电容式加速度传感器和压电式加速度传感器。振动传感器频响范围覆盖结构振动关注的响应范围，其下限一般低于结构的一阶模态频率，上限一般高于关注最高模态频率 5 倍。

7 结构变形一般根据测量构件的变形极值和测量精度要求进行设备选型，可以选择连通管、GNSS 设备、倾角仪及光电挠度仪等设备，一般主梁的温度线形监测选用基于连通管的静力水准仪或压力变送器，主梁动挠度监测选用光电挠度仪设备，主梁横向位移选用光电挠度仪及 GNSS 设备，桥塔、拱肋及桥墩的偏位选用 GNSS 设备、倾角仪及光电挠度仪等设备。

8 应变传感器一般根据被测构件的材料和结构特点，选择合适的标距和传感器类型。

6.2.20 数据采集装置应具备对传感器数据的自动化采集传输、本地暂存和断点续传功能，宜具备自校准功能。

条文说明

数据本地暂存是为保障系统在出现网络或其他故障后仍能正常运行，并在故障修复后完成数据的补发。数据暂存时长选择与系统的可维护性相关，一般情况下，采集站数据存储时间不少于 7 天，现场监控单元数据存储时间不少于 3 个月。

6.2.21 数据采集装置性能应与对应传感器性能匹配，并满足被测物理量的量程、精度、分辨率、采集频率和同步性要求。

条文说明

对数据采集来说，其测量精度取决于包括传感器、信号调理、电缆连接和数据采集硬件设备等众多因素。数据采集装置的精度要高于所用传感器的精度，适应工作环境范围要大于传感器的适用范围。

6.2.22 监测系统应根据工程特点、监测需求、测点数量和布设位置等因素确定采集站与数据采集装置间的空间分布关系。

条文说明

采集站与数据采集装置的空间分布方式可以选择集中式采集、分布式采集和混合采集方式。数据采集装置空间分布较集中、传感网络与采集站距离较近时，一般采用集中式采集，设置单一的中心采集站；数据采集装置空间分布较分散时，或采用集中式采集方案，数据采集装置和采集站的连接距离超过信号衰减传输性能允许的最远距离时，一般设置多个子采集站，即分布式采集，子采集站与中心采集站直接或通过中继相连；混合采集指的是集中式采集和分布式采集混合使用的方式。

6.2.23 采集站安置场所应便于到达，满足硬件工作环境要求和运维操作的空间需求。现场监控单元宜设置于监控机房内，监控机房可与其他生产设备房屋合设。

条文说明

采集站安置场所一般根据实际需求，按最有利于达到采集目标的原则（高效、高质量、可靠）设置，常常选择桥梁结构内部靠近传感器区域，如箱梁或桥塔内部。现场监控单元一般利用桥梁附近的新建或已设设备用房，如沿线的通信设备房屋或其他专业设备房屋等。不具备机房设置条件时，常常在桥梁结构内部选择合适位置设置。

6.2.24 采集站及现场监控单元应针对实际的安置场所，进行相应的防护设计，采用干扰抑制、接地、屏蔽等抗干扰措施提高信噪比。

条文说明

采集硬件按照国家电气、仪器设备、机械及通信领域的有关规范，如现行国家标准《电击防护 装置和设备的通用部分》（GB/T 17045）、《机械电气安全》（GB 19436）、《外壳防护等级（IP 代码）》（GB/T 4208）、《低压成套开关设备和控制设备 第1部分：总则》（GB/T 7251.1）、《高压交流开关设备和控制设备标准的共用技术要求》（GB/T 11022）等进行防护设计，并针对安置场所特点采取相应的防护措施。当采集硬件（设备）达不到所安置场所的防护要求时，需要进行设备整改，或改善安置场所的条件。

6.2.25 监测系统应针对监测数据应用及预警需求，设计包含数据采集模式、采集频率、全时采集时长、触发阈值、采集同步性等要求在内的专项数据采集方案，方案可根据表 6.2.25 进行设置和调整。

表 6.2.25 数据采集方案表

监测类型	监测项目	最低采集频率	采集方式
环境监测	风环境（风速、风向）	机械式1Hz；超声波10Hz	全时采集
	环境温湿度	1次/10min	全时采集
	降雨量	1次/10min	触发采集
	水位	1次/10min	全时采集
作用监测	结构温度	1次/10min	全时采集
	地震、船舶撞击	100Hz	触发采集
	列车荷载	1次/过桥时段	触发采集
桥梁结构响应监测	主梁振动/高墩振动加速度	50Hz	全时采集或触发采集
	桥塔/拱肋振动加速度	50Hz	全时采集或触发采集
	斜拉索/吊杆振动加速度	50Hz	全时采集或触发采集
	主缆索股力/斜拉索力/吊杆力	振动频率法：50Hz；压力传感器：1Hz	全时采集或定时采集
	主梁竖向挠度/主梁线形	1Hz	全时采集或定时采集
	主梁动态位移	25Hz	触发采集
	主梁空间变位（GNSS）	1次/10min	全时采集

表 6.2.25（续）

监测类型	监测项目	最低采集频率	采集方式
桥梁结构响应监测	梁端转角/梁端竖向位移	1Hz	全时采集
	梁端纵向位移	1Hz	全时采集
	主塔/拱肋/高墩偏位	倾角仪：1Hz；GNSS：1次/10min	全时采集
	主缆偏位（GNSS）	1次/10min	全时采集
	基础变位	1次/d	全时采集
	拱脚变位	1次/d	全时采集
	锚碇位移	1次/d	全时采集
	结构应变	静态应变：1次/1min；动态应变：25Hz	静态：全时采集；动态：全时采集或触发采集
	构件裂缝	1Hz	全时采集
其他监测	混凝土腐蚀	1次/d	全时采集
	支座位移	1Hz	全时采集
	支座反力	1Hz	全时采集
	索夹紧固力	1次/10min	全时采集
	阻尼器行程	1Hz	全时采集

条文说明

采集设备按照其采集的时间频度、频次和时间间隔，一般分为全时采集、定时采集、触发采集三种模式，其中全时采集为实时连续的采集；定时采集仅在指定时间段内进行全时采集；触发采集仅在采集数据触发预设阈值时，才进行连续采集。

铁路桥梁在运行的前三年内一般采用全时采集，获取桥梁的初始静力参数和动力指纹，积累足够的数据进行阈值的合理设置，后期可以根据桥梁状态进行采集参数设置，其中静态参数如桥梁线形、支座位移等一般采用全时采集，动态参数如动应变、振动、动挠度等根据数据分析需要一般采用触发或全时采集模式。另外，当发现桥梁状态异常后，需采用全时采集模式。

采样频率与分析需求紧密相关。对随时间缓变的物理量，采用1次/天的采样频率。对随温度缓变的物理量，采用1次/10min的采样频率。对于动态信号，数据的采样频率需要符合采样定理，一般在被测物理量预估最高频率的5倍以上。本规程中，对于需要识别过车的桥梁响应量，采用1Hz的最低采样频率；对需要识别列车车厢的桥梁响应量，采用25Hz的最低采样频率；对需要识别列车车轴的桥梁响应量，采用50Hz的最低采样频率。

当同类或不同类数据需要做相关分析、模态分析时，所有相关数据须同步采集，在监测需求要求不高的情况下，一般采用伪同步采集或异步采集，适当降低对采集硬件的性能需求。对结构关键部位或被评估为异常的部位进行监测时，可以提高数据采集的同步要求。

6.2.26 采集软件应前置安装运行在桥梁现场并能够长期连续稳定运行，具备记录系统运行状态的日志功能和故障自动恢复功能，支持授权用户对设备和软件参数进行远程集中控制。

6.2.27 桥梁数据分析应包含特征值分析和规律分析内容，并应符合下列规定：
1 特征值分析：对数据进行数据解耦和特征指标提取，完成数值统计，拟合指标的概率分布；针对振动数据进行模态参数分析，获取模态参数；针对动应变、动索力数据进行疲劳分析，获取疲劳参数。
2 规律分析：利用长时间监测数据，分析监测量及其特征值的变化趋势；分析具备相关关系的监测量及其特征值间的相关性；对同类的对称或相似位置参数进行对比分析。

6.2.28 桥梁结构状态特征指标分析应符合表 6.2.28 的规定。

表 6.2.28 桥梁结构状态特征指标分析表

监测类型	监测指标	特征值分析	规律分析
环境监测	风速、风向	10min 平均风速和风向、脉动风速、脉动风谱、湍流强度、阵风系数、风玫瑰图	与设计风速分析；与涡振等风致振动进行相关性分析
环境监测	环境温度	最高温度、最低温度、平均温度、内外最大温差	趋势分析；与设计温度对比分析
环境监测	环境湿度	最高温度、最低温度、平均湿度、超限持续时间	趋势分析
环境监测	降雨量	10min 平均雨量、每小时最大降雨量、降雨时长、累计降雨量	趋势分析
作用监测	结构温度	最高温度、最低温度、平均温度，横向温差、竖向温差，构件局部温度梯度	趋势分析；与环境温度进行相关性分析；与设计温度场对比分析
作用监测	地震、船撞加速度	加速度峰值、持续时间、反应谱	与设计地震或船撞力对比分析
作用监测	列车车速、开行密度	最高值、最低值	趋势分析

表 6.2.28（续）

监测类型	监测指标	特征值分析	规律分析
桥梁结构响应监测	结构振动加速度	加速度绝对最大值、加速度最大均方根值、振幅、长时大幅振动持续时间	趋势分析； 与环境温度、风速进行相关分析
	主梁自振频率	最大值、最小值、平均值	趋势分析； 与环境温度相关性模型； 大风、地震、船撞事件前后的对比分析
	主梁竖向挠度/主梁线形	最大值、最小值、平均值	参照行车影响指标分析
	主塔偏位	最大值、最小值、平均值	趋势分析； 与环境温度进行相关分析
	主梁动挠度/梁端倾角	最大值、最小值、平均值	参照行车影响指标分析
	主梁空间变形/桥塔偏位/拱肋偏位/桥墩偏位	最大值、最小值、平均值	趋势分析； 与温度及风速的相关分析
	基础沉降、锚碇位移	最大值、最小值、平均值、累计变化值	趋势分析
	主缆索股力/斜拉索力/吊杆力	最大值、最小值、平均值、应力幅值、疲劳损伤指数	趋势分析； 对比分析； 与环境温度的相关分析
	混凝土结构应变	最大值、最小值、平均值、应力幅值	趋势分析
	钢结构应变	最大值、最小值、平均值、应力幅值、疲劳损伤系数	趋势分析疲劳分析
	裂缝宽度	最大值、最小值、平均值	趋势分析； 与环境温度的相关分析
其他监测	腐蚀程度	腐蚀深度、氯离子浓度	趋势分析
	支座位移	最大值、最小值、平均值、累计值	趋势分析； 与环境温度的相关分析
	支座反力	最大值、最小值、平均值	趋势分析
	索夹紧固力	最大值、最小值、平均值、累计变化值	趋势分析
	阻尼器行程	最大值、最小值、平均值、累计值	趋势分析

6.2.29 针对不同的监测参数，桥梁监测数据分析周期应符合下列规定：

1 对温湿度、静应变、静位移、支座/伸缩缝位移、索力、静应力等静态参量，应给出以日、月、年为统计间隔的统计值，分析结构在相对稳定环境条件下、列车通过前后、特殊事件发生前后结构的变化规律。

2 对于动应变、振动加速度、振幅、动挠度、动位移等动态参量，应以过车时段为单位，给出以日、月、年为统计周期的特征量，分析列车通过桥梁、特殊事件发生时结构的变化规律。

6.2.30 桥梁预警阈值的设定应符合下列规定：

1 应根据设计值、竣工试验值、规范容许值并结合结构的重要性等多种因素综合确定。

2 除结构的相关参数与状态指标以外，监测数据本身的特征和规律也可用于阈值确定，以判断结构的状态。

3 应根据使用期间的环境变化、结构状态变化、历史数据统计值等对阈值进行检验、补充、修正和优化。

6.2.31 桥梁监测系统宜采用橙色和红色两级预警，预警阈值设置原则应满足表 6.2.31 的要求。

表 6.2.31 预警阈值设置原则

预警等级	预警阈值
橙色预警（警戒值）	系统建设初期，可按红色预警值的 75% 设定阈值，并参照动静载试验和联调联试结果进行调整；后期可按实测数据统计值（以年度为周期），取具有 97.5% 保证率的预警指标分位值
红色预警（安全限值）	结构响应超出设计荷载组合最不利工况的响应值，或相关规范与规程规定的限值，或行车安全限值，或设计允许值，可能影响桥梁结构安全，作为红色预警阈值

条文说明

《铁路桥梁检定规范》（铁运函〔2004〕120 号）以及《高速铁路桥梁运营性能检定规定（试行）》（TG/GW 209—2014）对铁路桥梁运营性能检验采用两个判别值，即通常值和行车安全值，对应桥梁的异常状态和安全界限。《铁路桥梁检定规范》（铁运函〔2004〕120 号）第 10.0.2 条规定："通常值为桥梁在正常运用中的挠度或振幅实测值的上限、频率实测值的下限以及结构校验系数实测值的均值。行车安全值为保证列车以规定的速度安全通过，桥梁结构必须满足的限值指标。"本规程沿用《铁路桥梁检定规范》（铁运函〔2004〕120 号）中的通常值和行车安全值概念，形成警戒-安全两级预警模式，对桥轨状态劣化过程进行系统性监控。

通常值的设置参见《高速铁路桥梁运营性能检定规定（试行）》（TG/GW 209—

2014）条文说明 4.1.2 条："桥梁结构的形式、材料特性和结构病害，轨道不平顺状态，动车组列车速度、型号、编组、实际轴重和车辆状况等，对桥梁运营性能有一定影响，本规定的通常值是根据 25 条高速铁路（合宁、合武、石太、温福、甬台温、福厦、厦深高铁的厦漳段、昌九、海南东环、长吉、京津、武广、郑西、沪宁、沪杭、京沪、广深港、京石、石武、合蚌、哈大、宁杭、杭雨、盘营、津秦）联调联试和综合试验的实测样本，按 97.5% 保证率进行统计分析得到的。实测值超过通常值时，应仔细检查桥梁线形（拱度、偏斜）、基础沉降、梁体弹性模量、支座状态、无砟轨道与桥面之间的结合情况，桥上轨道不平顺，以及动车组列车车轮缺陷、悬挂系统等。"

本规程橙色预警阈值设置参照《高速铁路桥梁运营性能检定规定（试行）》（TG/GW 209—2014），采用实测值进行设置，取用一年以上的历史数据按 97.5% 保证率统计设置，并根据时间推移进行更新。一般情况下，系统运营一年的监测数据基本包含了各种环境及不同种类、不同列车荷载对结构的影响。若分析时段系统运行正常，则系统监测数据能够反映桥梁在健康状态下的特征信息。若后续监测指标超过基于一年监测数据设定的预警阈值，需查看同类型、同截面相关测点监测数据进行异常识别，也可以通过力学分析判断监测数据是否合理以排除系统异常，同时对结构的真实响应报警评估结构损伤，若无异常则将该样本数据纳入统计分析样本数据中，更新指标阈值。

红色预警阈值（安全值）取各荷载组合下的最不利工况响应值，或规范允许值等作为限值，超限时表示结构出现超设计的不利状态。

6.2.32 桥梁监测系统应根据桥梁与轨道结构形式，采用在线、离线或两者相结合的方法定期进行行车影响评价及结构状态评估，并应符合下列规定：

1 在线评估应对监测及识别结果进行历史趋势对比、分析与预测，并生成在线评估报告。

2 离线评估应以定期上传报告的形式进行，并给出相应的养护管理建议。

3 桥轨结构在遭受洪水、撞击、地震、强风、风致振动、火灾等突发事件时，应及时对结构进行专项评估，形成专项分析报告。

6.2.33 桥梁结构状态在线评估宜采用层次分析法，通过对桥梁构件指标体系的合理划分和权重赋值，综合判定结构健康状态。

6.2.34 桥梁结构状态离线评估应采用根据监测数据修正后的结构模型，计算结构荷载效应，分析构件的性能指标，并综合评估结构的安全状态。

6.2.35 桥梁专项评估报告应根据输入荷载计算桥梁结构的整体响应，对比分析事件发生前后桥梁的频率、振型、关键部位应变、索力、位移等参数的变化，对参数发生明显变化或计算值与监测值存在较大差异的情况，应结合桥梁监测情况综合评估桥梁状况。

6.3 桥梁监测系统施工

6.3.1 桥梁监测系统施工应符合现行行业标准《铁路工程基本作业施工安全技术规程》（TB 10301）、现行企业标准《铁路建设工程风险管理技术规范》（Q/CR 9006）和《铁路桥梁工程风险管理技术规范》（Q/CR 9246）等标准规范的有关规定。

6.3.2 桥梁监测系统施工涉及营业线施工时应符合《铁路营业线施工安全管理办法》（国铁运输监〔2021〕31号）的有关规定。

6.3.3 桥梁监测系统施工前，应根据设计文件编制施工组织设计文件、专项施工作业指导书，技术交底后方可进场施工。

6.3.4 硬件的安装环境应符合设计文件和设备技术文件要求。当安装环境超出规定时，应采取有效的保护措施。

6.3.5 设备安装使用的各类预埋件、连接件及保护件应具有足够的强度、刚度，其材质选择及防腐处理应满足现场环境的耐久性要求。

6.3.6 桥梁监测系统各类设备及线缆应标识清晰，设备管理宜采用信息化手段实现质量追溯、故障跟踪等目标。

6.3.7 桥梁监测系统施工过程中及施工完毕后应做好光电缆线路和设备的保护。

6.3.8 设备安装产生的孔洞，应避开受力钢筋及预应力筋，并用同强度等级的混凝土封堵。

6.3.9 埋入式传感器安装应符合下列规定：
1 传感器埋设宜与钢筋牢固绑扎，并设有可靠的保护措施，防止混凝土浇筑过程中损坏传感器。
2 混凝土中引出线缆应采用软管保护，软管与结构钢筋绑扎牢固；光纤类传感器的光缆端头应有密封保护措施。

6.3.10 结构表面传感器安装应符合下列规定：
1 传感器宜采用基座与结构连接。
2 钢构件表面安装传感器时，应将基座与结构焊接固定，基座宜与构件在工厂同步加工，疲劳敏感区宜采用粘贴方式与结构固定。

3 混凝土构件表面安装传感器时，宜在施工过程中将基座埋入混凝土或用膨胀螺栓将基座牢靠锚固在结构表面，螺栓应采取防松动措施。
　　4 采用夹具和抱箍固定安装方式时，夹具和抱箍应与传感器连接可靠。

6.3.11 传感器应根据安装位置和形状设计合理的保护装置，且将传感器引线外套保护管引出并固定在结构表面。

条文说明

　　保护装置的安装不能影响传感器的性能，保护装置要具有足够的刚度、强度和耐久性，且拆卸方便。

6.3.12 采集站不宜安装于桥面，条件不具备时应布置于桥梁防护墙外侧，避开梁缝，且箱体门背向来车方向，朝线路外侧开启。

6.3.13 采集站与结构间的连接件应牢固稳定，采用防松脱螺栓。

6.3.14 采集站设备箱内线缆应绑扎牢固，接线端子接触可靠、连接牢固，各类设备布置整洁合理。

6.3.15 线缆的敷设、防护、接续、引入、防雷接地等应符合现行行业标准《铁路信号设计规范》（TB 10007）及《铁路通信设计规范》（TB 10006）的有关规定。

6.3.16 线缆、管槽的敷设线路应满足设计要求，设计无要求时，按最短路径原则实施。

6.3.17 线槽安装应符合下列规定：
　　1 线槽应综合考虑工程环境条件、重要性和耐久性等因素合理选择防腐处理方式。
　　2 线槽与支架间螺栓、线槽连接板螺栓紧固无遗漏，螺母位于线槽外侧。
　　3 线槽应设置伸缩节，跨越伸缩缝处应设置补偿装置。

6.3.18 线缆敷设应符合下列规定：
　　1 线缆终端接线处及经过伸缩缝和沉降缝处应留有足够裕度。
　　2 桥面线缆宜敷设于弱电槽内，弱电槽外的线缆应采用防护管，且与结构牢靠固定，防护管弯曲应符合光电缆弯曲半径的要求。
　　3 结构内部敷设的线缆应采用管槽防护，管槽应与结构牢靠固定，保持连续的电气连接，并有不少于两点的良好接地。
　　4 线缆在金属防护管内敷设时，管口处打磨光滑，并采用橡胶管/套防护，接合部位应可靠连接并用密封胶防水。

5 线缆进入设备箱时，宜从底部进入，并设置防水措施，管线孔应密封。

6 设备间连接线的电磁屏蔽性能与防水防腐蚀等级应符合设计要求，各设备或模块之间连接时的线材宜采用单根完整屏蔽线，需要相互连接时，应使用热缩接头。

条文说明

综合布线一般采用线槽及防护管等进行线缆保护，线槽根据现场环境情况采用热浸镀锌、不锈钢、铝合金等材质，防护管采用包塑不锈钢软管、热镀锌钢管、钢丝橡胶软管等材质。当设计文件无规定时，桥面线缆一般采用不锈钢管或热镀锌钢管进行保护，弯曲段一般采用钢丝橡胶软管进行保护，结构空间内部线缆一般根据环境情况采用热镀锌钢管、包塑不锈钢软管等进行保护。

电缆连接对芯线和电缆护套要采用热缩套管保护，芯线对接采用自带助焊剂的焊锡丝焊接，焊接点牢固、光滑、无虚焊或假焊。芯线焊接后用热缩套管完成绝缘密封后，再进行电缆护套热缩套管加热操作。热缩套管与电缆护套搭接段涂上热熔胶，使热缩套管与芯线接合部及两侧电缆外护套紧密接合。电缆连接完成后，要及时检测芯线电阻及绝缘电阻。

光纤（缆）接续一般采用热熔接方式连接，尽量减少接头数量，避免在多尘及潮湿环境中操作，接续时采用光时域反射仪（Optical Time-Domain Reflectometer，OTDR）双窗口测试接续损耗，每根单模光纤接续损耗平均值一般不大于 0.08dB，光纤熔接完成后，使用热缩套管进行光纤（缆）防护。

光电缆线与桥梁其他缆线保持必要的距离，采取必要的屏蔽措施。光缆敷设弯曲半径一般要大于光缆外径的 20 倍，双绞线、同轴电缆、大对数线缆的弯曲半径要大于其外径的 15 倍，接头部位平直、不受力。

6.3.19 摄像机、风速风向仪、雨量计、GNSS 等设备所使用的支柱安装应符合下列规定：

1 安装在混凝土桥面的支柱，宜在施工过程中预埋地脚螺栓，对已浇筑完成的混凝土桥面，应植入化学锚栓。

2 安装在钢桥面的支柱，立杆基座可与钢桥面进行有效焊接连接，并做好防腐处理。

3 支柱顶面宜采用混凝土包封，混凝土钢筋骨架应与桥梁主体及竖墙等结构形成有效连接，混凝土基础应预留线缆引入孔。

6.3.20 采用太阳能供电时，太阳能电池板不宜安装于铁路桥梁桥面上方。

6.4 桥梁监测系统验收

6.4.1 系统验收阶段主要工程资料应符合本规程第4.4.1条的规定。

6.4.2 监测系统工程设备安装验收包括传感器分部工程验收、采集站分部工程验收和线缆分部工程验收。

6.4.3 传感器分部工程验收应符合下列规定：
1 传感器初始值记录和施工安装记录完整。
2 传感器的安装位置、方式、引出线缆的保护措施符合安装要求，传感器外观无明显破损、变形及锈蚀现象。
3 传感器安装对结构产生的影响均已恢复，传感器表面或附近有明确的设备信息标识。

6.4.4 采集站分部工程验收应符合下列规定：
1 采集站安装方式稳妥可靠，安装位置符合设计文件要求，具备良好的散热、防尘、防潮、防水等防护措施，满足设备安装的相关规范要求。
2 设备箱外观无明显破损、变形和锈蚀现象，箱内设备安装及线缆排布整齐，插头牢固，出线孔处具有良好的密封措施。
3 采集及传输设备工作状态正常，输出数据格式符合产品说明书要求及有关技术标准的规定。
4 采集站具有独立的24h电源供给，接地连接可靠。
5 采集站安装对结构产生的影响均已恢复，设备箱表面或附近有明确的设备信息标识。

6.4.5 综合布线分部工程验收应符合本规程第4.4.3条的规定。

6.4.6 系统整体验收要求应符合下列规定：
1 系统应保证不间断连续工作，对于一般故障具有自动恢复功能。
2 系统对传感器输出信号进行实时采集和存储，表贴式传感器成活率为100%，埋入式传感器的成活率不低于90%或设计要求。
3 系统具备分级预警功能，报警信息自动化处理、显示、发送过程合理及时，无报警信息的漏报和误报。
4 系统可实时显示及回放历史时段的监测数据及分析结果，具备在线、离线或二者混合方式的数据处理分析能力，提供报表的自动化生成、管理功能。
5 系统具备完整的帮助文档和操作手册。

6 软件响应速度满足设计文件要求。

7 系统可靠性和稳定性各项要求不低于试运行期的要求。

6.5 桥梁监测系统维护

6.5.1 桥梁监测系统维护应建立专门的管理制度及系统维护管理档案。

6.5.2 桥梁监测实施单位应将监测系统的运营和维护要求纳入桥梁养护手册，系统接收单位应按照相应要求编制系统维护计划，并按计划对监测系统进行日常巡查和定期养护维修，建立设备维护台账。

6.5.3 管理人员应熟练掌握各项监测平台软件的使用，及时上报系统异常，协助专业人员查明原因、排除故障，并记录故障现象、排查过程和处理方案。

6.5.4 系统维护保养内容包括日常检查、专项检查、日常保养、专项维护。

6.5.5 日常检查应符合本规程第4.5.3条的规定。

6.5.6 设备发生故障或遭遇地震、洪水、台风、火灾及车船撞击等特殊事件后应进行专项检查，宜包含以下内容：
1 软件数据完整性、性能指标、预警功能、软件可用性与安全性、系统错误日志文件等。
2 设备及保护罩、支架等安装牢固，采集站及监控单元密封性，支柱基础状态，户外设备表面锈蚀情况，接地及防雷措施状态，设备与线缆的接头牢靠性，设备运行状态，电源稳定性，网络传输质量，配电设备状态等。

6.5.7 桥梁监测设备应进行定期保养，并宜符合本规程第4.5.4条的规定。

6.5.8 桥梁监测系统应进行定期维护，并宜符合本规程第4.5.5条的规定。

6.5.9 桥梁监测系统报警时，设备管理单位应根据报警类型、报警级别等对报警事件进行闭合处理。

6.5.10 桥梁结构状态特征指标报警的处置措施宜符合下列规定：
1 湿度指标预警时，设备管理单位应上道巡查有无积水情况，并检查除湿系统功能。
2 结构整体响应指标预警时，设备管理单位应组织系统运维单位进行桥梁整体模型分析，确定桥梁异常的原因。

3 结构局部响应指标预警时，设备管理单位应对构件进行检查，发现问题后应进行进一步的检测工作。

7 隧道

7.1 一般规定

7.1.1 本章主要适用于采用矿山法修建的新建、既有高速铁路隧道。

条文说明

鉴于目前高速铁路隧道多为矿山法施工，因此本条规定主要针对采用矿山法修建的新建、既有高速铁路隧道。城际铁路、客货共线铁路、重载铁路、市域（郊）铁路等新建、既有矿山法铁路隧道结构监测项目可参照本规程执行。

7.1.2 监测系统的设置应符合下列规定：
1 监测的重点地段主要有岩爆、软岩大变形、富水、岩溶、活动断裂、瓦斯/有害气体区段等不良地质地段以及洞口地段和病害地段等。
2 采用新技术、新型结构、需进行技术验证以及其他有特殊需求的隧道，应根据设计、施工、科研、维养需求进行配套监测系统的设置。

7.1.3 监测方法应根据项目特点、监测对象、监测目的、监测周期、精度要求、场地条件及实际运营情况等综合确定。

7.1.4 监测设备类型、精度及量程应满足监测需求，应具有良好的可靠性、稳定性和耐久性。监测设备应按规定进行检查、校准。

7.1.5 监测点应布置在监测对象的变形和内力特征点上，并不应影响和妨碍铁路运营设备设施的正常使用。

7.1.6 监测系统宜以实时自动化监测为主，人工监测验证为辅，建立监测管理平台，自动采集、分析监测数据，展示监测数据及分析结果，并确保及时有效反馈。

条文说明

自动化监测系统的选择要根据工程结构、地形地质条件、现场使用环境、工程技术等级选择，符合铁路运输企业的有关规定。目前隧道内自动化监测手段已经相对成熟，且普遍应用于各隧道工程中，从现场实际条件出发，自动化监测有利于降低劳动强度、提高监测频率和反馈速度、便于维护和二次校准，且不干扰施工和交通，可实现远程监测与管理，技术参数稳定，经济指标优异，因此以自动化监测为主是必要的，必要时进行人工监测验证。

7.2 隧道监测系统设计

7.2.1 隧道监测系统设计方案编制应收集监测地段地质勘察报告、施工图设计图纸文件、现场病害等基础资料，必要时可进行现场踏勘，以掌握监测地段现场实际情况。

条文说明

既有隧道监测系统设计方案编制应增加收集监测地段变更设计图纸文件资料（若有时），必要时开展隧道内净空测量。

7.2.2 隧道监测系统设计方案应根据监测地段工程特点，结合监测目的有针对性地进行编制。监测设计方案应符合本规程第 4.2.1 条的规定。

7.2.3 高速铁路隧道服役状态监测主要包含变形、受力、环境、视频等四类监测项目。

7.2.4 隧道服役状态主要监测项目的选取应符合表 7.2.4 的规定。

表 7.2.4 隧道服役状态主要监测项目

监测类型	监测项目	监测地段							
		岩爆地段	软岩大变形地段	富水地段	岩溶地段	活动断裂地段	瓦斯/有害气体地段	洞口地段	病害地段
变形监测	净空变化	□	★	□	□	★	—	—	★
	隧底变形	□	★	□	□	★	—	□	★
	爆破振动	—	—	—	—	—	—	—	○
	裂缝	—	—	—	—	—	—	—	★
	隧底振动	—	—	—	—	□	—	—	—
	洞口边仰坡位移	—	—	—	—	—	—	★	—
	变形缝三向位移	—	—	—	—	□	—	—	—

表 7.2.4（续）

监测类型	监测项目	监测地段							
		岩爆地段	软岩大变形地段	富水地段	岩溶地段	活动断裂地段	瓦斯/有害气体地段	洞口地段	病害地段
受力监测	二次衬砌应力	★	★	★	★	★	—	—	○
	围岩压力	—	□	○	○	○	—	—	—
	水压力	—	—	★	★	—	—	—	—
环境监测	水速、水量	—	—	★	★	—	—	—	—
	瓦斯/有害气体浓度	—	—	—	—	—	★	—	—
	冻融圈	—	—	—	—	—	—	○	—
视频监测	异物侵限	○	○	○	○	○	○	★	★

注："★"为应测项，"□"为宜测项，"○"为选测项，"—"代表无此项内容。

条文说明

应测项是为了在铁路隧道运营过程中确保围岩及隧道结构稳定，隧道不同监测地段必须进行的项目。围岩变形是围岩力学形态变化最直观的表现，变形量测具有量测结果直观、测试数据可靠、量测仪表长期稳定性好、抗外界干扰性强，同时测试费用低廉的优点。因此对于软岩大变形地段、活动断裂地段及病害地段应测项以净空变化、隧底变形为首选量测项目。

宜测项应根据监测地段现场实际情况及时调整监测项目。若明确现场有实施条件的，应布置监测断面，开展监测项目测量，以便及时掌握铁路隧道结构服役状态。

选测项不是隧道所有监测地段都开展的工作，是对一些有特殊意义和具有代表性意义的区段进行测试，以求更好地掌握围岩的稳定状态及工程对周围环境影响状况，确保铁路隧道长期运营安全。这类量测项目测试较复杂，量测项目较多，花费较大，一般只根据需要选择部分项目。根据现场实际情况及时调整监控量测选测项目和内容。针对变形潜势强烈和一些特殊区段可结合施工测点布置进行长期监测。

7.2.5 对于隧道病害地段，应根据病害类型、整治措施及现状等情况，并结合铁路运输管理部门要求，确定监测项目。

7.2.6 邻近铁路隧道的爆破振动监测应符合现行行业标准《邻近铁路营业线施工安

全监测技术规程》（TB 10314）的有关规定。

7.2.7 特殊监测段落不应小于 2 个监测断面，不同监测项目宜布置在同一断面，监测断面布置间距应结合监测地段工程特点确定。

7.2.8 测点布设要求应符合下列规定：
1 监测所采用的传感器应满足各类监测工作的要求；传感器安设不能影响和妨碍隧道正常运营，不能削弱结构的刚度和强度；表面变形监测点宜布设在隧道底板和边墙部位，不应布设在隧道拱顶位置。
2 各类监测点的布置在时间和空间上应有机结合，力求同一监测部位能同时反映不同的物理变化量。
3 服役状态监测点布设宜考虑与施工期测点重复使用。
4 测点布设应符合本规程第 4.2.5 条的规定。

条文说明

由于在拱顶位置安装隧道监测点较为困难，且隧道运营后期存在脱落风险，因此重点关注拱腰及隧底变形。

7.2.9 不同断面的测点应布置在相同部位，测点应尽量对称布置。

7.2.10 监测项目控制标准应符合下列规定：
1 隧道位移变形监测预警值、报警值和控制值可按表 7.2.10-1 确定。

表 7.2.10-1 隧道位移变形监测预警值、报警值和控制值

序号	监测项目	控制标准 (mm)		
		累计量预警值	累计量报警值	控制值
1	隧道结构竖向位移	±3	±4	±5
2	隧道结构水平位移	±3	±4	±5

2 隧道衬砌裂缝监测控制标准可按表 7.2.10-2 确定。

表 7.2.10-2 隧道衬砌裂缝监测控制标准

项目	预警标准	报警标准	控制标准
裂缝监测	裂缝宽度持续增长超过 4d，或裂缝宽度累计增加 ≥0.3mm	裂缝宽度持续增长超过 5d，或裂缝宽度累计增加 ≥0.4mm	裂缝宽度持续增长超过 7d，或裂缝宽度累计增加 ≥0.5mm

3 当采用表面应变计进行既有隧道结构应力监测时，主要采用应力增量法进行标准判定，结合隧道拱墙衬砌劣化等级确定容许的应力增量控制标准，可按表 7.2.10-3 确定，隧道拱墙衬砌劣化等级评定可参照现行国铁集团企业标准《铁路桥隧建筑物劣

化评定　第 2 部分：隧道》（Q/CR 405.2）。预警标准按控制标准的 60% 考虑，报警标准可按控制标准的 80% 考虑。

表 7.2.10-3　既有隧道拱墙衬砌劣化等级所允许的应力增量控制标准

既有隧道拱墙衬砌劣化等级	拉应力增量（MPa）	压应力增量（MPa）
AA、A1	0.3	1.0
B	0.5	2.0
C、D	1.0	5.0

4　隧道结构爆破振速控制标准应符合现行国家标准《爆破安全规程》（GB 6722）和行业标准《铁路工程爆破振动安全技术规程》（TB 10313）的有关规定，并满足铁路运营单位要求。

5　隧道衬砌及支护荷载安全系数可参照现行行业标准《铁路隧道设计规范》（TB 10003）确定。

6　本规程未明确的岩爆、活动断裂带等特殊不良地质地段监测项目的预警值、报警值和控制值，应由设计单位、安全评估单位、建设单位、铁路运营单位共同确定。

条文说明

监测项目的控制标准是铁路运营过程中对工程自身及周边环境的安全状态或正常使用状态进行判断的重要依据，也是工程设计、工程施工及施工监测等工作的重要控制点。监测项目控制值的大小直接影响到工程自身和周边环境的安全，对施工方法、监测手段的确定以及对施工工期和造价都有很大的影响。因此，合理地确定监测项目控制值是一项十分重要的工作。

监测预警、报警是整个监测工作的核心，监测预警、报警能够使相关单位对异常情况及时作出反应，采取相应措施，控制和避免工程自身和周边环境等安全事故的发生。监测预警、报警需有一定的标准，并要按照不同的等级进行预警，监测项目应当制定监测预警等级和预警标准，因此本条文明确了部分监测项目控制标准，其他未明确监测项目的控制标准应由设计单位、安全评估单位会同建设单位、铁路运营单位共同确定。

7.2.11　监测频率应根据监测地段、监测项目、监测断面、监测手段等因素综合确定。当采取自动化监测时，监测频率应符合表 7.2.11 的规定。

表 7.2.11　监测频率

监测地段	监测项目	监测频率	备注
岩爆地段	二次衬砌应力	1 次/30min	全时采集
软岩大变形地段	净空变化	1 次/30min	全时采集
	隧底变形	1 次/30min	全时采集
	二次衬砌应力	1 次/30min	全时采集
	围岩压力	1 次/30min	全时采集

表 7.2.11（续）

监测地段	监测项目	监测频率	备注
岩溶富水地段	水压力	1 次/30min	全时采集
	水速、水量	1 次/30min	全时采集
	隧底变形	1 次/30min	全时采集
活动断裂地段	隧底振动	1 次/30min。地震发生时，自动启动 24h 连续采集监测	—
	隧底变形	1 次/30min。地震发生时，自动启动 24h 连续采集监测	—
	二次衬砌应力	1 次/30min。地震发生时，自动启动 24h 连续采集监测	不少于 2 个断面
	净空变化	1 次/30min。地震发生时，自动启动 24h 连续采集监测	—
	变形缝三向位移	1 次/30min。地震发生时，自动启动 24h 连续采集监测	每个变形缝处应设 1 个断面 2 个测点，与隧底振动点对应
瓦斯/有害气地段	瓦斯/有害气体浓度	24h 全方位、全天候监控	对避难所洞室、未衬砌的横通道及附属洞室等瓦斯易积聚的地段增设监测点
洞口地段	洞口边仰坡位移	1 次/30min	全时采集
	异物入侵	24h 全天候、全方位不间断监测	实时监测
	冻融圈	1 次/30min	全时采集
	隧底变形	1 次/30min	全时采集
病害地段	净空变化	1 次/30min	全时采集
	隧底变形	1 次/30min	全时采集
	裂缝	结合裂缝发展情况确定	—
	异物入侵	24h 全天候、全方位不间断监测	实时监测

条文说明

监测频率应根据监测地段、监测项目、监测断面、地质条件、监测手段等情况和特点，并结合当地工程经验进行确定。监测频率应使监测信息及时、系统地反映监测对象的动态变化,并宜采取定时监测。若采用自动化监测时,宜采用全时采集。

　　监测频率的确定是监测工作的重要内容,与监测地段、监测项目、工程所处的地质条件、周边环境条件,以及监测对象和监测项目的自身特点等密切相关。同时,监测频率与投入的监测工作量和监测费用有关,在制定监测频率时既要考虑不能错过监测对象的重要变化时刻,也应当合理布置工作量,控制监测费用,选择科学、合理的监测频率有利于监测工作的有效开展。

　　监测系统采用定时监测的方法,可以反映相同时间间隔下,监测对象的变形、变化大小,以便于计算监测对象的变化速率,判断监测对象的变化快慢,及时关注短时间内发生较大变化的现象,从累计变化量和变化速率两个方面评价监测对象的安全状态。在监测对象累计变化量、变化速率超过控制值或出现其他异常情况时,应提高监测频率,减小监测时间间隔;监测对象变形、变化趋于稳定时,可适当增大监测时间间隔,减少监测次数。

　　对于穿越建(构)筑物等周边环境和不良地质地段的隧道,由于其重要性和社会影响性大,对变形控制要求较高,控制指标值较为严格,为确保线路长期运营安全,应提高监测的频率,必要时对关键的监测项目进行24h远程实时监测,以便及时发现问题,采取相应安全措施。因此本条文对监测频率做了相关规定。

7.2.12 当出现下列情况之一时,应提高监测频率或对个别点进行实时监测,并应及时向铁路运营单位报告监测结果:
　　1　监测数据达到预警值、报警值。
　　2　监测数据持续变化较大。
　　3　邻近施工出现异常情况。
　　4　结构出现明显新增裂缝。
　　5　暴雨、地震等自然灾害引起的异常变形情况。
　　6　其他影响铁路运营设备设施使用安全的异常情况。

7.2.13　传感器选型的技术要求应符合本规程第4.2.7条的规定。

7.2.14　传感器寿命应符合本规程第4.2.8条的规定。

7.2.15　位移传感器选型应符合本规程第4.2.11条的规定。

7.2.16　应变传感器选型应符合本规程第4.2.12条的规定。

7.2.17　视频监控设备选型应符合本规程第4.2.13条的规定。

7.2.18　监测数据采集装置选型应符合本规程第4.2.14条的规定。

7.2.19 监测数据采集装置的设置位置应符合本规程第4.2.15条的规定。

7.2.20 监测数据传输装置设置要求应符合本规程第4.2.17条的规定。

7.2.21 监测数据传输方案设计应符合本规程第4.2.18条的规定。

7.2.22 监测管理平台功能应符合本规程第4.2.19条的规定。

7.2.23 数据存储管理模块功能应符合本规程第4.2.20条的规定。

7.2.24 数据预处理模块应具备下列功能：
1 人工监测时，数据预处理模块应在每次获得监测数据后，立即进行校核，如有异常应及时补测。人工监控量测数据应在校核后及时录入监测管理平台，每次数据录入应在实施下次监测前完成。
2 自动化监测时，数据预处理模块应在下一次实施自动化监测前，对监测数据进行人工校核，如有异常应及时补测。
3 数据预处理模块应符合本规程第4.2.21条的规定。

条文说明

数据预处理模块对监控量测数据进行校核，对监控量测数据需进行可靠性分析，排除仪器、读数等操作过程中的误差，剔除和识别各种粗大、偶然和系统性误差，避免漏测和误测，切实保证监控量测数据的可靠性和完整性。

人工监测时，加强数据的准确性，观测后在现场及时计算、校核，如果有异常现象，需重新进行观测、校核，直至取得可靠数据。

每次数据录入监测系统平台应在下次监测前完成，否则监测数据不能及时有效地在网上发布，不能将分析结果快速发送给相关人员，不利于信息化施工。

自动化监测时，可能存在测点传感器失效、被扰动、由于安装原因导致的监测数据不准确等情况，这将影响自动化监测系统对监测数据作出正确分析评价，即使通过算法自动过滤异常数据，也不能完全保证监测结果的准确性，应通过人工校核确保监测数据始终是有效的。长期不对自动化监测结果进行人工校核可能导致监测数据严重失真，无法反映真实情况。

7.2.25 数据分析模块应具备下列功能：
1 数据分析模块应包括数据整理及数据分析功能。
2 数据分析模块应依据不同类型监测项目监测结果，形成包括时态曲线等多种监测曲线，对围岩稳定性、支护结构的工作状态、对周围环境的影响程度、对铁路运营安全的潜在影响等进行综合分析反馈。

3　结构变形、结构受力等监控量测数据可采用散点图和回归分析方法进行分析。
　　4　数据分析模块应符合本规程第4.2.22条的规定。

条文说明

　　数据分析模块要进行数据整理及数据分析。数据整理包括各种物理量计算、图标制作，如物理量的时间速率曲线与空间分布图的绘制等；数据分析通常采用比较法、作图法和数值计算等，分析各监控量测物理量值大小、变化规律、发展趋势。

　　结构变形、结构受力等监控量测数据所得的数据（包括监控量测日期、时刻、温度等）及时绘制成时态曲线图（或散点图），以便于分析监控量测数据的变化规律及变化趋势。图中纵坐标表示变化累计值，横坐标表示时间。

　　由于偶然误差的影响使监控量测数据具有离散性，根据实测数据绘制的变化累计值随时间而变化的散点图出现上下波动，很不规则，难以据此进行分析，需应用数学方法对监控量测所得的数据进行回归分析，找出变化累计值随时间变化的规律，以判断围岩和支护结构的稳定，为优化设计并指导施工提供科学依据。

7.2.26　预警评估模块功能符合本规程第4.2.23条的规定。

7.2.27　用户管理模块功能符合本规程第4.2.24条的规定。

7.3　隧道监测系统施工

7.3.1　隧道监测系统施工组织方案应根据设计方案和现场实际情况，有针对性地进行编制，应符合本规程第4.3.1条的规定。

7.3.2　隧道监测系统施工应建立健全安全生产管理体系和风险管理制度，并应符合现行标准《铁路工程基本作业施工安全技术规程》（TB 10301）和现行企业标准《铁路建设工程风险管理技术规范》（Q/CR 9006）和《铁路隧道工程风险管理技术规范》（Q/CR 9247）的有关规定。

7.3.3　隧道监测系统工程涉及营业线施工时应符合《铁路营业线施工安全管理办法》（国铁运输监〔2021〕31号）的有关规定。

7.3.4　隧道监测系统施工组织方案实施前，应根据设计文件编制施工组织设计、专项施工作业指导书，技术交底后方可进场施工。

7.3.5　硬件安装环境及连接要求应符合下列规定：
　　1　硬件安装环境应符合设计文件和设备技术文件要求。当安装环境超出规定时，应采取有效的保护措施。

2 硬件材质选择及其防腐处理均应满足现场环境及耐久性要求。

3 硬件与结构连接应牢固可靠，且不得影响隧道的结构安全和使用性能。

7.3.6 测点埋设应达到设计要求的质量，并做到位置准确、安全稳固，设立醒目的保护标志，基准点埋设于施工影响范围外。

7.3.7 隧道监测系统接地应与隧道综合接地装置牢固连接，并采取防腐措施。

7.3.8 隧道监测系统设备及线缆标识应符合下列规定：
1 传感器及采集设备应全隧统一编号并进行标识。
2 机柜内部的设备、接线应有统一、清晰的标识或标志。

7.3.9 隧道监测系统施工过程中及施工完毕后应做好光电缆线路和设备等的成品保护。

7.3.10 设备安装产生的孔洞，应避开受力钢筋，并用水泥砂浆填埋。

7.3.11 隧道监测系统传感器安装应符合下列规定：
1 埋入式传感器安装应符合本规程第6.3.9条的规定。
2 结构表面传感器安装应符合本规程第6.3.10条的规定。
3 传感器应设置保护工装，并根据传感器安装位置、传感器形状、传感器引线等因素进行合理设计，考虑高速列车风吸附力对其长期稳定性的影响。
4 爆破振动测点传感器应布设在边墙处，布置高度宜为侧沟盖板以上1.0m位置，相应采集器放入同侧电缆沟内。
5 表面应变计可采用膨胀螺栓与粘钢胶黏结相结合方式来固定，螺栓锚固深度5cm，测线环向固定间距为50~60cm。
6 钢筋应力传感器和混凝土应力传感器应在隧道结构浇筑前埋设。
7 裂缝宽度监测应变计应沿垂直于裂缝方向跨缝按要求安装牢固，并将应变计的导线沿衬砌表面引至就近的无线发射装置并与之相连。
8 对长度大于2m或宽度大于0.2mm的纵向裂缝和斜向裂缝应均匀布置应变传感器，每条裂缝在其最宽处布置1处，并沿裂缝方向两侧2m处各设置1处，即每条裂缝布置3个测点。
9 初期支护与二次衬砌之间接触压力的压力盒应通过钢板和焊接在钢板的钢筋进行箍定。

7.3.12 线缆的敷设与防护应符合本规程第4.3.3条的规定。

7.3.13 机柜的安装与防护应符合本规程第 4.3.4 条的规定。

7.4 隧道监测系统验收

7.4.1 监测系统验收清单应符合本规程第 4.4.1 条的规定。

7.4.2 监测系统验收应包括传感器安装验收、线缆敷设安装验收、数据采集机柜验收、监测平台软件验收。

7.4.3 传感器安装验收应符合本规程第 4.4.2 条的规定。

7.4.4 线缆敷设安装验收应符合本规程第 4.4.3 条的规定。

7.4.5 数据采集机柜验收应符合本规程第 4.4.4 条的规定。

7.4.6 监测平台软件验收应符合本规程第 4.4.5 条的规定。

7.4.7 系统交付前相关要求应符合本规程第 4.4.6 条的规定。

7.5 隧道监测系统维护

7.5.1 隧道监测系统维护应建立专门的管理制度及系统维护管理档案。

7.5.2 隧道监测系统的运营和维护要求应符合本规程第 4.5.1 条的规定。

7.5.3 隧道监测系统管理人员应熟练掌握各项监测平台软件的使用，及时上报系统异常，协助专业人员查明原因、排除故障，并记录故障现象、排查过程和处理方案。

7.5.4 隧道监测系统应进行定期巡检，巡检要求符合本规程第 4.5.2 条的规定。

7.5.5 隧道监测系统日常检查要求符合本规程第 4.5.3 条的规定。

7.5.6 隧道监测系统定期养护维修符合本规程第 4.5.4 条的规定。

7.5.7 隧道监测系统专项维护应符合本规程第 4.5.5 条的规定。

7.5.8 设备管理单位应根据隧道监测系统的报警类型、报警级别等对报警事件进行闭合处理。

7.5.9 隧道监测系统的设备维护、软件升级要求应符合本规程第4.5.7条的规定。

本规程用词说明

为便于在执行本规程条文时区别对待，对要求严格程度不同的用词说明如下：
1 表示很严格，非这样做不可的：
正面词采用"必须"；反面词采用"严禁"。
2 表示严格，在正常情况下均应这样做的：
正面词采用"应"；反面词采用"不应"或"不得"。
3 表示允许稍有选择，在条件许可时首先应这样做的：
正面词采用"宜"；反面词采用"不宜"。
4 表示有选择，在一定条件下可以这样做的，采用"可"。

引用标准名录

本规程引用下列标准。其中，注日期的，仅对该日期对应的版本适用本规程；不注日期的，其最新版适用于本规程。

1 《外壳防护等级（IP代码）》（GB/T 4208）
2 《低压成套开关设备和控制设备》（GB/T 7251.1）
3 《机械电气安全》（GB 19436）
4 《爆破安全规程》（GB 6722）
5 《高压交流开关设备和控制设备标准的共用要求》（GB/T 11022）
6 《电击防护　装置和设备的通用部分》（GB/T 17045）
7 《信息安全技术　网络安全等级保护基本要求》（GB/T 22239）
8 《降水量观测仪器　第2部分：翻斗式雨量传感器》（GB/T 21978.2）
9 《铁路隧道设计规范》（TB 10003）
10 《铁路通信设计规范》（TB 10006）
11 《铁路信号设计规范》（TB 10007）
12 《铁路工程基本作业施工安全技术规程》（TB 10301）
13 《邻近铁路营业线施工安全监测技术规程》（TB 10314）
14 《铁路工程爆破振动安全技术规程》（TB 10313）
15 《公路桥梁结构监测技术规程》（JT/T 1037）
16 《数字风向风速测量仪》（JB/T 11258）
17 《数字强震动加速度仪》（DB/T 10）
18 《铁路桥梁运营状态监测技术条件》（Q/CR 757）
19 《高速铁路无砟轨道温度场及温度变形监测》（Q/CR 804）
20 《铁路建设工程风险管理技术规范》（Q/CR 9006）
21 《铁路桥梁工程风险管理技术规范》（Q/CR 9246）
22 《铁路隧道工程风险管理技术规范》（Q/CR 9247）
23 《大跨度铁路桥梁与轨道健康监测系统技术规程》（Q/CR 9576）
24 《铁路桥隧建筑物劣化评定　第2部分：隧道》（Q/CR 405.2）
25 《高速铁路桥梁运营性能检定规定（试行）》（TG/GW 209）
26 《高速铁路道岔监测系统（JDS-300A）暂行技术条件》（TJ/GW 136）
27 《CN钢轨伸缩调节器暂行技术条件》（TJ/GW 143）
28 《基于北斗铁路基础设施监测站系统暂行技术要求》（TJ/GW 163）
29 《在役公路隧道长期监测技术指南》（T/CHTS 10021）

涉及专利和专有技术名录

国家专利：

［1］中铁第四勘察设计院集团有限公司，中国铁路总公司．铁路构件位移监测系统和方法：中国，201610012730.2［P］．2018-11-30.

［2］中铁第四勘察设计院集团有限公司．有砟轨道钢轨伸缩调节器基本轨伸缩量监测装置及方法：中国，201610012720.9［P］．2017-5-10.

［3］中铁第四勘察设计院集团有限公司．有砟轨道钢轨伸缩调节器区轨枕歪斜监测装置和方法：中国，201610012726.6［P］．2017-5-3.

［4］中铁第四勘察设计院集团有限公司．铁路双连杆梁端伸缩装置的变形监测装置及方法：中国，201610011583.7［P］．2017-11-14.

［5］中铁第四勘察设计院集团有限公司．一种无砟轨道结构自动监测装置：中国，201910722520.6［P］．2021-3-12.

［6］中铁第四勘察设计院集团有限公司．高速铁路有砟轨道钢轨伸缩调节器监测系统：中国，201721802530.3［P］．2018-8-10.

［7］中铁第四勘察设计院集团有限公司．高速铁路钢轨伸缩调节器位移识别标识牌：中国，201721796612.1［P］．2018-6-29.

［8］中铁第四勘察设计院集团有限公司．基于斜拉索索力影响面加载动态识别车辆轴重方法和系统：中国，202010993788.6［P］．2022-1-14.

［9］中铁第四勘察设计院集团有限公司．基于竖向位移影响面加载动态识别车辆轴重方法和系统：中国，202010994176.9［P］．2022-1-18.

［10］中铁第四勘察设计院集团有限公司．一种基于机器视觉定位识别桥梁动态荷载方法和系统：中国，202010993811.1［P］．2022-4-26.

［11］中铁第四勘察设计院集团有限公司．基于拱桥吊杆力影响面加载动态识别车辆轴重方法和系统：中国，202010994177.3［P］．2022-4-26.

［12］中铁第四勘察设计院集团有限公司．一种监测系统：中国，202121112211.6［P］．2022-2-15.

本文件的发布机构提请注意，声明符合本文件时，可能涉及相关专利的使用。

本文件的发布机构对于该专利的真实性、有效性和范围无任何立场。

该专利持有人已向本文件的发布机构保证，他愿意同任何申请人在合理且无歧视的条款和条件下，就专利授权许可进行谈判。该专利持有人的声明已在本文件的发布机构备案。相关信息可通过以下方式获得：

专利持有人姓名：中铁第四勘察设计院集团有限公司

地址：湖北省武汉市武昌区和平大道 745 号

请注意除上述专利外，本文件的某些内容仍可能涉及专利。本文件的发布机构不承担识别这些专利的责任。